教員のメンタルヘルス

先生のこころが壊れないためのヒント

大石智
Oishi Satoru

大修館書店

はじめに

今、本書を手に取られたのは、壊れてしまいそうなつらい心を抱えた先生でしょうか。それとも不調そうな同僚を目にして心配している先生でしょうか、壊れてしまいそうな教員を前にしてどのように対応したらよいものかと悩む校長先生でしょうか。

精神疾患を理由に休職する教員の数が全国的に高止まりの状況が続いています。精神疾患を理由に休職する人が多い傾向は、なにも教員に限ったことではありません。働く人々のメンタルヘルス不調については、様々な業種で指摘されています。ですから、学校の教員だけをこうしてことさら取り上げる必要はないという意見もあるかもしれません。

しかし、筆者は学校の教員のメンタルヘルスについてよく考え、不調になる教員が少しでも減るための策を講じること、不調になったとしても軽症にとどまり、少しでも早く回復できるような策を講じることの必要性を強く感じています。その理由は、教員のメンタルヘルス不調が子どもの学校内や学校外での生活、子どもへ提供される教育の質に強く影響を及ぼす可能性があるからです。

1人の教員にメンタルヘルス不調が生じると、その影響は担当する学級の子どもたち以外にも及びます。1人の教員にメンタルヘルス不調が生じると、校長等管理職は業務配分に変更の手を加えることがよくあります。それはその学校に所属する他の教員の多忙感を高めることになりかねません。他の教員に生じた多忙感の高まりは、その学校に通う子どもたち全体に影響が及ぶことになります。

社会が成熟すると、人々は生じた問題の解決を専門家に依頼する傾向が強まると言われています。子どもに生じたあらゆる問題が、学校と教員に持ち込まれやすい状況が生じています。地域社会の学校や教員への要求水準は、かつてに比べて高まっています。そうした中で、教員にメンタルヘルス不調が生じることに対し、批判的な態度を示す保護者もいます。保護者に生じた変化はSNSを介して容易に拡散します。保護者に生じた変化は子どもたちに影響が及ぶことになります。

未来の社会をつくり上げるのは、言うまでもなく子どもたちです。教員のメンタルヘルス不調が子どもたちにポジティブな影響を及ぼすとしたら、あまり気にすることはないのかもしれません。しかし、教員のメンタルヘルス不調は、子どもたちにどちらかというとネガティブな影響を及ぼすように感じています。

筆者は、２００６年からある自治体に所属する教員の人事担当部門嘱託精神科医として、個別の支援、保健師を中心とする教員のメンタルヘルス支援体制づくりに関与してきました。本書ではその経験をもとに、教員自身、校長をはじめとする管理職、教育委員会人事担当者たちが、教員のメンタルヘルス不調を防ぐため、あるいは不調になったとしても悪化が最小化され、すみやかな回復を目指すための方策を整理したいと思います。

教員が元気にその職務を遂行し、不調になっても悪化が最小化されることに本書が少しでも寄与することができれば幸いです。

目次

第3章 教員が実践したいメンタルヘルスサバイバル術 53

第6章 これから教員になりたい人が知っておきたいこと

第7章

同僚や部下から相談された時にしたいこと

第8章

メンタルヘルス不調が生まれにくくなるための工夫

第1章

教員のメンタルヘルスの現状を理解する

1 国内のデータから考える

教員のメンタルヘルス不調を防ぐ、あるいは不調になってもすみやかな回復を目指すための方法を考えるには、まず教員のメンタルヘルスの現状を理解することが求められます。そこで、まずは足元、国内のデータから考えてみましょう。

❶教員の精神疾患による休職者数は高止まり

教員のメンタルヘルスの現状を理解する上で参考になるデータの1つとして、文部科学省が公開している「公立学校教職員の人事行政状況調査」[1]が挙げられます。この調査からは、公立学校教職員の精神疾患による病気休職者の実数、在職者に占める精神疾患による病気休職者の割合の各年度推移を知ることができます。

この各年度推移をまとめたものが**図1-1**です。ご覧いただくと、公立学校教職員の精神疾患による病気休職者は、その実数だけではなく在職者に占める割合も1999年頃から右肩上がりに増加していることがわかります。2008年にピークに達した後は減少傾向に転じてほしいところですが、減少のペースは鈍く教員の精神疾患による休職者数は高止まりと言えます。

図1－1　教育職員の精神疾患による病気休職者数の推移（文献１）

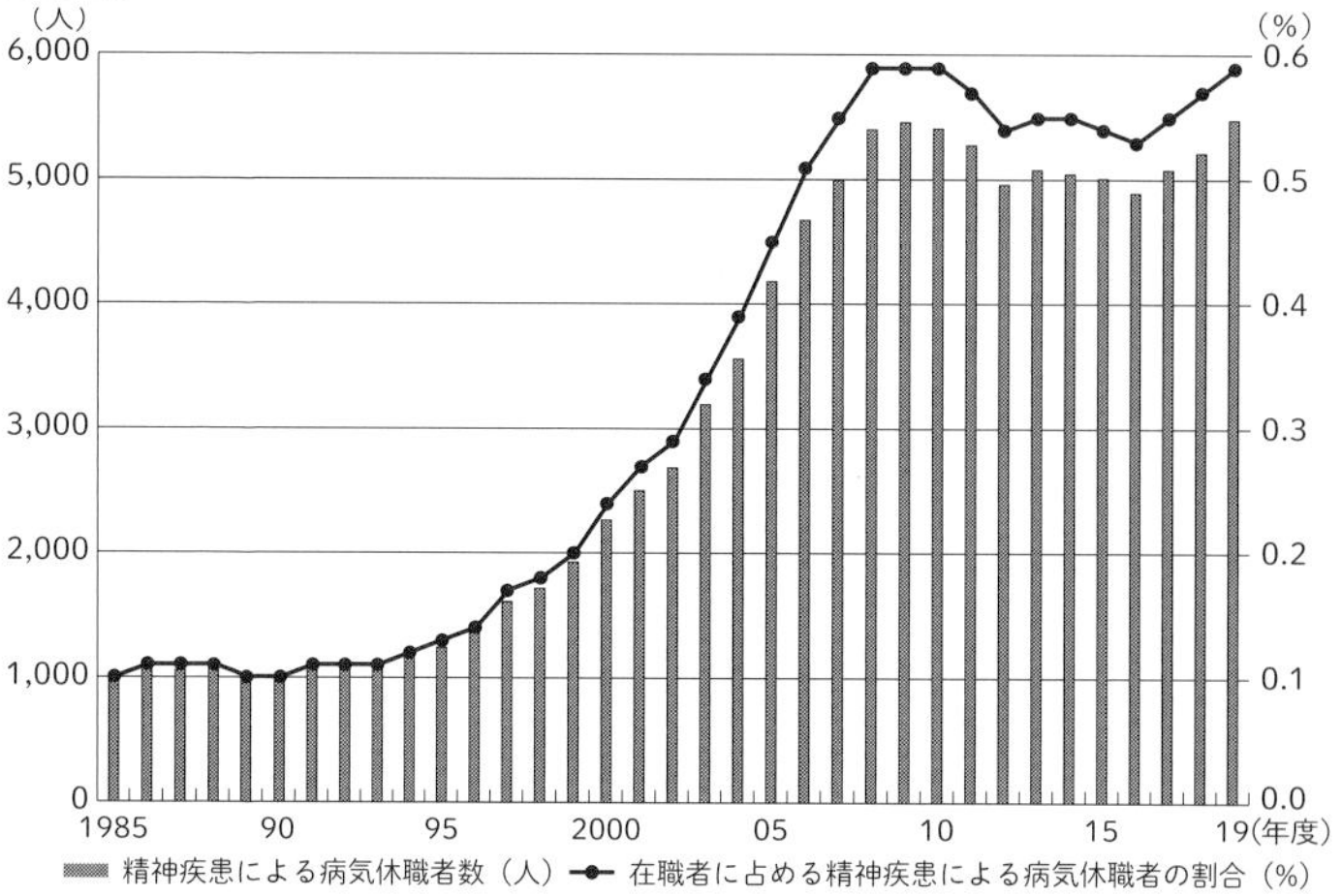

❷精神疾患患者数が増加したのは教員だけではない

この約20年間で精神疾患患者数が増加し続けるという現象は、教員だけに生じたものでしょうか。ご存知の方も多いかもしれませんが、精神疾患患者数の増加は教員だけに生じた現象ではありません。

１９９９年以降、日本では精神疾患患者数が急激に増加しました。増加したのは、うつ病を含む気分障害と呼ばれる疾患であることが、厚生労働省による「患者調査」から読み取ることができます。その理由については専門家が様々な意見を述べておりますが、本書の目的は精神医学を論じるものではありませんので、詳細は割愛します。

とはいえ無視できないのは、精神医学、精神医療が及ぼした影響です。ちょうど精神疾患患者数が増加する直前、新しい抗うつ薬が発売されました。製薬企業は、新薬を医師たちに売り込もうと様々な広告や宣伝活動をおこないました。さらに市民を対象として、早期発見・早期治療を強調した啓発活動も盛んになりました。その頃から「うつ病が過剰に診断されやすくなる状況が精神医学、精神医療に生じた」ということを指摘する意見は、無視できない現実として認識しておく必要があります。

❸教員のメンタルヘルス不調が増えたのは精神医学、精神医療だけの問題か？

それでは、教員のメンタルヘルス不調が増えたのは精神医学、精神医療の問題だけに理由を求めるということでよいのでしょうか。精神科医の多くは、教員の労働環境の厳しさを十分に理解しているわけではありません。労働環境や教員自身のストレス状況に対する対処行動特性が強く影響しているように思われる事例でも、「うつ病」と診断されていることは決して少なくありません。精神科医の短時間診療の中で十分に評価されないまま「うつ病」と診断されることや、休職や復職の診断書が安易に出されているように見受けられることは、残念ながら少なくありません。このように、教員のメンタルヘルス不調が増えたのは、精神医学、精神医療に問題があったからと言いたくなるのも事実です。しかし、本当に精神医学、精神医療だけのせいにしてよいかというと、そうとも言えないように思います。

不調になった教員と面談していると、教員の過酷な労働環境や教員という職業の特性、教員の育成過程における課題も関与しているように思えることがあります。その裏付けになる興味深いデータがあります。2013年3月末に文部科学省が公開した「教職員のメンタルヘルス対策検討会議（最終まとめ）参考資料[2]」によれば、2002年から2011年までの10年間、わが国における精神疾患患者数の伸びは1・23倍であるのに対して、同期間の教員の精神疾患による休職者数の伸びは1・96倍であることが示されています。この結果から、少なくとも2002年から2011年までの10年間、精神医学、精神医療による影響以外に、メンタルヘルス不調が生じやすい要因が、教員自身あるいは教員を取り巻く環境に存在していたかもしれないと言えそうです。

同資料は、教員の疲労度について一般企業と比較したデータも示しています。それによれば、「普段の仕事での身体の疲労度合」について「とても疲れる」と回答した割合は、一般企業の労働者が14・1%だったのに対して、教員は44・9%でした。「仕事や職業生活におけるストレスの有無」について「ある」と回答した割合は、いずれも60%台でしたが、その内訳を見ると、「仕事の質の問題」が一般企業労働者で30・4%だったのに対して教員は41・3%、「仕事の量の問題」が一般企業労働者で32・3%だったのに対して教員は60・8%でした。「仕事や職業生活におけるストレスを相談できる者の有無」について「いる」と回答した割合は、一般企業労働者で89・0%だったのに対して、教員は45・9%、そのうち「上司・同僚」と回答した割合は、一般企業労働者で64・2%だったのに対して教員は14・1%でした。このデータは、教員に関しては2008年、一般企業の労働者に関しては2002年と、異なる年度で比較しているため、その解釈には慎重さが求められます。それを踏まえた上で、このデータの信頼性が高いとしたら、わが国の教員は、一般企業の労働者に比べて「とても疲れやすく、仕事上のストレス状況が多くあり、仕事は質、量ともに問題として認識され、仕事上の困り事を上司や同僚に相談しにくい状況にある」と言えることになります。

教員の精神疾患による休職者数増加には、精神医学、精神医療の問題が与えた影響もあると考えられますが、これらの調査結果を考えると、教員の労働の特徴や労働環境も無視できないということになります。

❹教員の労働時間は長い

仕事の量を表す指標の1つとして「労働時間」があります。文部科学省は平成28年度の教員勤務実態調査の集計（確定値）[3]を、2018年9月27日に公開しました。それによると、中学校の教員の1日平均労働時間は、平日で11時間32分（平成18年度と比較して32分増加）、土日で3時間22分（同1時間49分増加）でした。業務別に見ると、土日の「部活動・クラブ活動」は2時間9分（同1時間3分増）と倍増していました。小学校の教員の1日平均労働時間は、平日で11時間15分（同43分増）、土日で1時間7分（同49分増）でした。

労働者の健康障害と長時間労働には因果関係を認めやすいということが、様々な調査研究で指摘されています。労働行政では、1つの目安として月当たりの時間外労働が80時間に達した場合、「過労死」と認定される可能性が極めて高いとされています。そうした視点でこのデータを考えてみると、時間外労働が月80時間に達する計算になる、週60時間以上勤務した中学校の教員は全体の57・7％、小学校の教員は全体の33・4％を占める計算になります。労働時間という視点で考えても、教員の労働環境は深刻な状況にあると言えます。

2 世界のデータから考える

世界のどの国に行っても教員の労働環境が厳しいのであれば、「これが教員というもの」とあきらめがつくかもしれません。先進国に限って想像すると、国が豊かになれば少子化が進みやすくなり、子どもに対する親の期待も高まります。それにともなって学校、教員に対する親の要求水準も高まります。一般的に国の経済水準が高まると、人々は何事も専門家に相談する傾向が高まると言われています。筆者自身、校長や教員の相談業務をする中で、「かつては家庭で解決されていたしつけの範疇の事柄も学校に持ち込まれ、教員に解決を求められるようになった」とよく聞きます。そうした視点で考えると、「教員が忙しくなるのも国や社会が発展すれば仕方のないこと」と、割り切った方がよいのかもしれません。

では、本当にそうなのでしょうか。先進国の教員はすべからく多忙で、労働環境は厳しいと言えるのでしょうか。この疑問について考える上で参考になる興味深いデータがあります。経済開発協力機構（OECD）が実施した、2013年の国際教育指導環境調査（Teaching and Learning International Survey：TALIS）です。[4] 2013年のTALISは、日本を含む34の国と地域が参加して実施されました。TALISは、教育に関する分析や教育政策の検討に資するデータを明らかにすることを目的に、2008年に第1回が実施され、日本は2013年の第2回から参加しました。

この2013年のTALISでは、教員の労働環境にも焦点を当てた調査が実施されました。この調査結果から、日本の教員がどのような労働環境のもとで仕事をしているのか、世界各国と比較して考えることのできる示唆に富む結果を見出すことができます。

図1-2は、教員の報告による通常の1週間における労働時間の合計と授業に使った時

図1－2　教員の通常の１週間における労働時間とそのうちの授業に使った時間に関する国際比較（文献４）

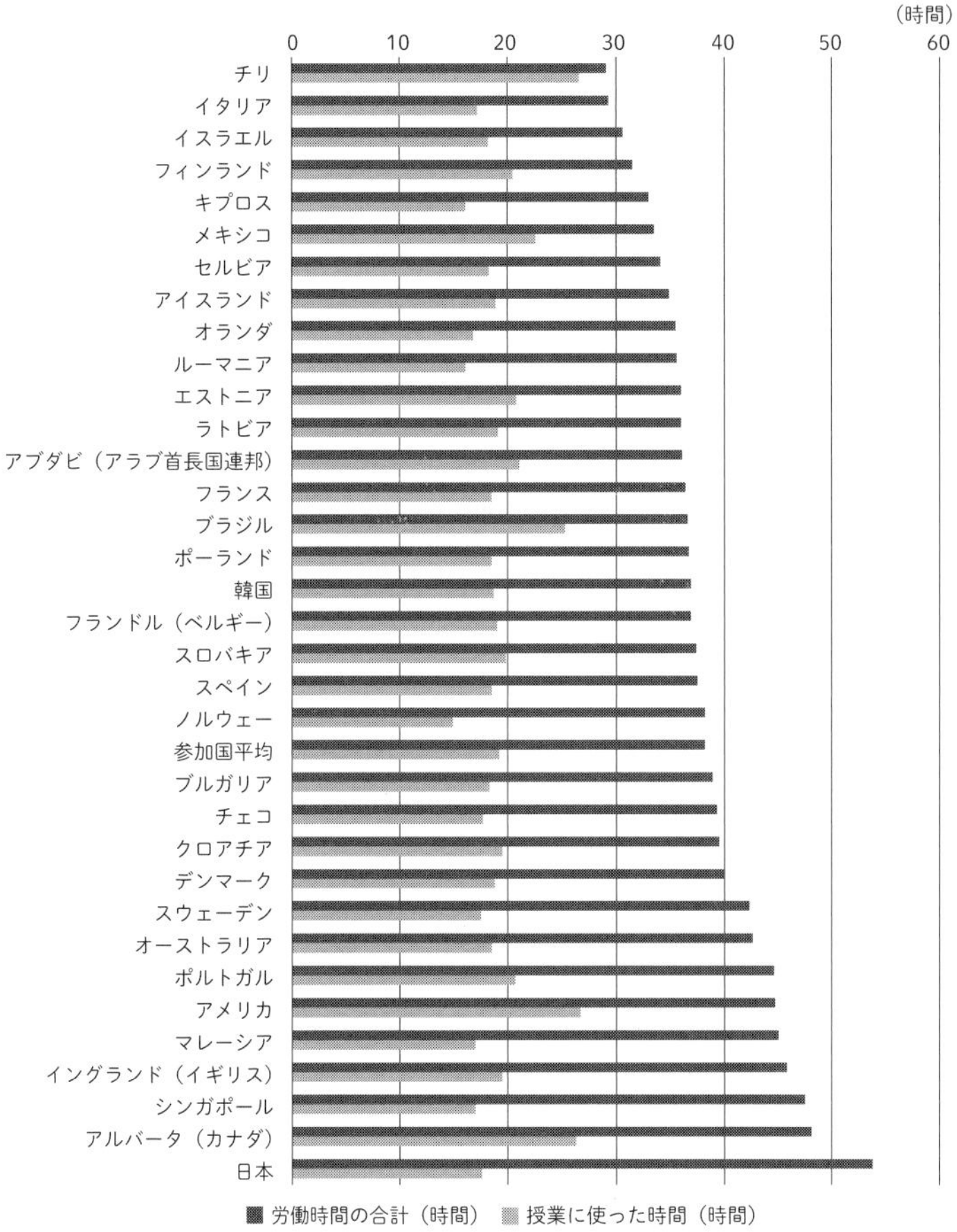

表1－1 日本の教員の労働時間と各要素に占める時間に関する参加国平均との差（文献４）

（単位：時間）

項目	日本	参加国平均	差
労働時間の合計	53.9	38.3	**15.6**
授業	17.7	19.3	－1.6
授業の計画・準備	8.7	7.1	1.6
同僚との共同作業	3.9	2.9	1.0
採点	4.6	4.9	－0.3
教育相談	2.7	2.2	0.5
学校運営	3.0	1.6	1.4
一般事務	5.5	2.9	**2.6**
保護者対応	1.3	1.6	－0.3
課外活動指導	7.7	2.1	**5.6**
その他	2.9	2.0	0.9

間の平均値を国ごとに並べたものです。ご覧の通り、日本は縦軸の下端、つまり労働時間は参加した34の国と地域の中で最長でした。一方、授業に使った時間は参加国平均と大きな差はありません。ここから、授業以外の業務に多くの時間を要する状況を垣間見ることができます。

表1‐1は、日本の教員の労働時間と、各要素に占める時間に関する参加国平均との差を表しています。前述した通り、労働時間の合計は参加国の平均を15・6時間も上回っていました。授業に費やされる時間は1・6時間短い一方、一般事務で2・6時間、課外活動指導で5・6時間も上回っている状況にあることがわかります。事務的な業務、土日の部活動指導が負担になっているという意見の裏付けになると言えます。

労働時間という視点からは少し離れるかもしれませんが、TALISでは教員の職能開発の参加

表1-2　日本の教員の職能開発の参加の障壁理由に関する参加国平均との差（文献4）

（単位：%）

職能開発の参加の障壁	日本	参加国平均	差
参加要件を満たしていない	26.7	11.1	15.6
費用が高すぎる	62.1	43.8	18.3
雇用者からの支援不足	59.5	31.6	**27.9**
仕事のスケジュールと合わない	86.4	50.6	**35.8**
家族があるため時間を割けない	52.4	35.7	16.7
自分に適した職能開発がない	37.3	39.0	−1.7
参加するインセンティブがない	38.0	48.0	−10.0

の障壁理由についても調査されています。専門職は、多忙でもそのスキルを高める機会を求め、その機会に恵まれることで満足感、自信、自己効力感を高めることになりやすいものです。日本の教員はどうでしょうか。**表1-2**は、日本の教員の職能開発の参加の障壁理由に関する参加国平均との差を表したものです。平均を比較的大きく上回っていた理由としては、「雇用者からの支援不足」「仕事のスケジュールと合わない」が挙げられていました。労働時間が長くなるためにスケジュールのやりくりがうまくいかず、忙しい中では労働時間内に職能開発の参加機会を学校管理者も与えにくい、背中を押しにくいという状況が想像しやすいように思われます。筆者は、所属する大学病院精神科で総務・人事的な業務を担当しておりますが、人員が少なく、日中業務と当直業務のやりくりを考えていると、若い医師が外部研修を受講したいと申し出た時に諾否の判断に迷うことがあります。この結果は多忙な

学校だからこそと納得できるように感じています。

ただ、2013年に実施されたTALISの解釈にはいくつかの注意点があります。まず、TALISの調査対象は中学校の教員です。ですから、TALISの結果が小学校や高校の教員にも当てはまるとは言い切れません。そして、データは教員の主観に基づくものです。学校教育のアウトカムである学習成果との関連を検討することのできる調査設計ではありません。したがって、その解釈には慎重さが求められますが、少なくともTALISの結果を見る限り、各国に比較して日本の教員の労働時間は長く、充足感の源になる授業に要する時間よりもそれ以外の業務での労働時間が長くなりやすいということは明らかと言えます。

本書の執筆中、2018年のTALISのデータが公開されました。[5] この調査では、日本を含む一部の国で小学校も調査対象になりました。中学校の教員の労働時間の長さ、事務的業務に割く労働時間の長さは2013年の調査とあまり大きな変化はありませんでした。2013年から2018年の間、文部科学省は様々な策を講じてきましたが、結果の解釈に慎重さが求められるにせよ、少なくともこの調査の時点でその効果は十分に得られなかったと言えそうです。こうしたデータに基づく教員の労働環境については、教育研究家の妹尾昌俊氏による書籍やウェブ上で公開されている情報が参考になります。ご覧いただくことをお勧めします。

3 学校現場を見て考える

教員のメンタルヘルスの現状について、データをもとに整理しました。教員のメンタルヘルスの現状への理解をさらに深めるには、データだけではなく現場を見て不調が生じる背景要因を考える必要があります。ここからは、筆者が教育委員会所属の保健師とともに自治体の公立小中学校を訪問した経緯に触れながら、学校現場から見えたことについて考えたいと思います。

❶全校訪問した理由と精神科医が学校現場で感じたこと

どのような調査にもバイアス（偏り）や限界が存在します。ですから、調査の結果を鵜呑みにして判断するのは危険です。そこで、筆者が関与する自治体では、教員の支援を進める際に、まずは毎月数校の学校を訪問し、校長をはじめとする管理職、不調から回復を目指している教員、復職後の教員と面談を重ねてきました。その目的は、個別の支援以外に、調査だけでは知ることのできない学校の環境、雰囲気、教員の特性を知ることでした。

学校を訪問し、面談を重ねる中でまず感じたのは、教員自身が学校や教員という職業の特性を知らないことが多いということでした。

　メンタルヘルス不調を予防する、不調になっても悪化しないようにするためには、まずはセルフケアの意識が求められます。セルフケアを有効なものにするためには、自身の特性を知ることが大切です。教員という職業はかなり特殊な側面がありますから、自分の職業特性を知っておくことはとても大切です。

　とはいえ、教員が職業特性をあまりよく知らないというのも当たり前のことかもしれません。そもそも筆者自身、医師になる前の大学における教育で、医師の職業特性を教えられた記憶はありません。それでも、医師の場合は長期間の臨床実習があります。そこでは現場の医師とともに動き、彼らの仕事ぶりを肌身で感じる機会があります。卒業後、専門とする診療科を選択する前に2年間、様々な診療科を月単位でローテーションする機会もあります。こうした機会は医学や臨床の実務を学ぶとともに、医師という職業や診療科と自分の相性を知る機会にもなりました。一方、教員の場合、そうした機会はせいぜい1か月以内の教育実習です。教員が自身の職業特性をよく知らないのも当然のことなのかもしれません。機会がなければ自ら学ぼうとする人はいないでしょう。

❷休憩場所がないという職場の特殊性

いつも学校にいる教員の多くは、学校という場所を「これが当たり前」と認識しているかもしれません。ところが、外から見ると、「働く場所」として考えた場合、特殊な点がいくつかあります。

印象深く感じたのは、教員のための休憩する場所がないことでした。校長、教員、教育委員会関係者にこうした指摘をすると、決まって「学校は児童・生徒のためにつくられていますから」という返事が返ってきます。確かにそれはその通りかもしれません。学校が存在する目的は、児童・生徒に良質な学習、成長のための経験が提供されることです。しかしだからといって、働く教員のためという視点が欠けているのも問題があるように感じます。例えば、病院は病を患い回復を目指す患者さんのためにつくられますが、医師や看護師をはじめとするメディカルスタッフが休憩する場所もあります。

教員の面談をしていると、朝から晩まで逃げ場のない様子が垣間見えてきます。職員室には児童・生徒が出入りします。保健室には体調不良の児童・生徒がいます。昼食も学級で給食や弁当を児童・生徒たちと一緒にとります。児童・生徒たちがいなくなり、働く教員だけで過ごすことができるのは夕方以降です。それでも、職員室にいれば保護者からの電話が鳴り響きます。以前は、何時になろうと保護者からの電話連絡は最優先という意識が強かったせいもあってか、留守番電話設定はなかったようです。この数年でようやく留守番電話設定が設置されたと聞きました。働く人々が働く人々だけで息抜きできる場所や工夫は、たとえ忙しくて休む時間がなかったとしても必要性があるのではないでしょうか。苦しい状況でも逃げ込める場所があるという認識、苦しい時には逃げることができるという認識をもてるかどうかは、感じ方にいくらかの影響を及ぼすように思えます。

他にも天井が低く圧迫感を感じる構造、冷暖房の不足など、もう少し働く教員のことを考慮した労働環境を整備してもよいのではないかという疑問は今も感じています。

❸自分を尊重しなさ過ぎる雰囲気

学校を訪問して、教員同士あるいは校長と教員の会話を見ていると、自分を卑下し過度に謙遜している様子を感じることが多くありました。社会がつくり上げた教員のイメージというものが、教員自身に「私なんていやいや、そんなたいそうなものではございません」のような過度な謙遜という態度を強いているのか、学校が生まれてきた歴史とそこから醸成された文化がそうさせているのかわかりませんが、そうした雰囲気を感じると、自己肯定感の低くなりやすい状況が教員のメンタルヘルスに影響しているのだろうかと考えたくなります。

メンタルヘルスとは少し離れるかもしれませんが、自分を疎かにしやすい傾向は、健康診断の再検査実施率の低さからもうかがい知ることになりました。学校訪問を開始した当初の健康診断再検査実施率は50％にすら達しない状況でした。なぜ再検査実施率が低いのか、その理由を尋ねると決まって「教員は忙しいからそれどころではない」「忙しいから自分の身体のことは後回しになりやすい」という回答が校長から聞かれました。まさに仕事優先、児童・生徒・保護者優先、自分は後回しです。自分の身体を疎かにするということは、自分の心も疎かにしやすいことと同義です。しかしながら、こうした自分の身体と心を疎かにする姿勢は、実は児童・生徒のためにはなりません。もし結核をはじめとする感染症をもっているのに、再検査を怠り適切に治療がおこなわれないと、教員が感染源になってしまいます。また、メンタルヘルスが不調になれば、児童・生徒に良質な教育を届けにくくなります。

❹労働時間をモニタリングする意識が低いということ

労働時間をモニタリングする意識が低いということも、他の業種と比較して特殊のように感じました。労働時間をモニタリングすることが求められる理由は、労働時間と働く人の健康に関連があるためです。働く人の健康を管理することは、事業所の管理者の責務として求められています。ところが、全校訪問を開始した当時、学校には一般的な会社にあるタイムカードはありませんでした。児童・生徒の出席と成績についてはしっかりとモニタリングしているけれど、働く教員の労働状況はモニタリングされにくいと言えます。

「労働時間が長くなりやすいのだから、それを明白なものにしてしまうと、産業医と面談させなくてはならない教員が多数になり、業務に支障が生じる」という校長の意見を聞いたことがあります。こうした意見はわからなくはありません。筆者自身、職場で人事担当の経験があり、労働時間に際限がなくなりやすい医師の労働時間をモニタリングせよ、という意見に複雑な思いを抱いたことがあります。しかし、この労働時間のモニタリングを拒絶する理由は、論理的に破綻しているように思えます。そもそも、労働時間のモニタリングは、産業医と面談させるかどうかを判断するためにおこなうわけではありません。労働状況を把握し、働く人たちの健康を守る上での資料にすることがその目的です。「労働時間管理＝長時間労働者の産業医面談」というような画一的な判断をするのではなく、職場で働く大切な仲間の健康を守るという、本来の目的を意識することが大切です。

また、雇用者が働く人の状況をモニタリングするというだけではなく、働く人自身が自分の労働時間を知る機会を得ることができれば、際限のなくなりやすい労働時間にも一定のブレーキが働きやすくなります。

❺教員という職業の特殊性：感情労働であること

教員という職業は頭脳労働でしょうか、それとも肉体労働でしょうか。こんな質問を教員に投げかけると様々な答えが返ってきます。「授業の準備、授業の運営、頭を使うことが多いですから、やはり頭脳労働ですね」と回答する教員もいます。「体育の授業は肉体労働そのもの、それに悪ガキを追いかけ回す時なんてまさに肉体労働」と苦笑いしながら答えてくれる教員もいます。頭脳労働と肉体労働、ホワイトカラー・ブルーカラーのように、労働はいくつかの分け方があります。そうした中で、教員の仕事は「感情労働」であると言われています。感情労働という言葉は聞き慣れないかもしれませんので、ここでは感情労働とは何かということについて触れたいと思います。

感情労働とは、肉体や頭脳だけではなく、感情の抑制、鈍麻、緊張、忍耐が求められる労働であるとされています。働く上で感情を調節することが必須になる労働と言えます。人を相手に仕事をする労働の多くが感情労働に該当する、という意見もあります。感情労働においては、相手がたとえ理不尽で一方的で感情的、非常識な要求や意見を言ってきたとしても、自分の感情を押し殺し、理知的で冷静な、その場に適した態度を示すことが求められやすくなります。つまり、相手に対して自分の尊厳を無償のまま明け渡すという、健全とは言えない対人関係が生まれやすい労働と言えます。

感情労働に該当する労働として、飛行機内の客室乗務員、看護師、介護職がよく取り上げられます。近年では接客業、苦情処理係、顧客対応部門など数多くの職種が感情労働に該当すると指摘されるようになりました。

感情労働には、共通して生じやすい課題があるとされています。際限がなくなりやすいこと、切り替えがしにくいこと、計画的に進めにくいこと、達成感や充足感を得にくいことは、その課題としてよく指摘されます。こうした点は頭脳労働や肉体労働と異なり、燃え尽きやすさと関連すると言われています。

感情労働という考え方を踏まえて、教員の労働を思い浮かべてみるといかがでしょうか。子どもというのは身勝手に振る舞うのが子どもらしさと言われることもあります。時には保護者が一方的、感情的、非常識な要求をしてくることもあるでしょう。児童・生徒の学習、成長を思うと、授業の準備は際限がなくなりそうです。職場を後にして自宅に帰ってからも、仕事のことが頭から離れなくなりやすいように思われます。こうして考えてみると、教員という職業は感情労働のまさに極北と言えます。

❻「選んだ職業は感情労働だった」と認識するということ

教員という職業を選んだ以上、感情労働という労働がもつ特性から一定の影響を受けざるを得ません。そう考えますと、「なぜそんな職業を選んでしまったのか」と落ち込んでしまう人がいるかもしれません。しかしながら、教員という職業は感情労働であるがゆえの厳しさがある一方で、得られる素晴らしさもあるようです。

正直に申し上げると、教員のメンタルヘルス支援に関わりつつも筆者は教員が苦手です。学生時代によい記憶がないせいか、いまだに教員を前にすると少々緊張してしまうくらいです。回復して復職を目指す教員の多くから「やはり教員をやりたいと思う」「子どもたちの前に立ちたい」という言葉を聞いてきました。復職後の教員の多くから「復職して、やはり教員をやりたかったことをあらためて感じた」という言葉を聞いてきました。教員にならなければ得ることのできない醍醐味というものがあるのだと思います。「選んだ職業は感情労働だった」ということを認識し、その負の特性を知ることは、負の特性がもたらす影響をしなやかにかわし、対処する術を授けてくれるはずです。

道具を操るには道具の危険性を知っておく必要があります。薬を用いるには効果だけではなく副作用を知っておく必要があります。それと同じように、選んだ職業に従事する上では、その職業がもつ負の特性も知っておくことは大切なのではないでしょうか。

4

現状理解のピットホール

ここまで、教員のメンタルヘルスの現状を理解するために、データと現場から考えられることについて述べてきましたが、教員のメンタルヘルスの現状を理解する上で、忘れてはならないピットホール（落とし穴）があります。そこで本章の最後にこのピットホールについて触れておきたいと思います。

❶支援を効果的なものにするために知っておきたいピットホール

文部科学省やTALIS2013、2018の調査結果を見ながら、わが国の教員の労働環境を想像すると、教員と子どもたちのこれからのことがとても心配になります。私たちの国の未来をつくるのは、今の子どもたちです。未来をよりよいものにするためには、未来をつくる子どもたちが育つ環境と、子どもたちへの教育が重視されます。ですから、子どもたちが育つ学校と提供される教育がよりよいものであってほしいということは、誰もが望むことでしょう。

ところが、わが国の教員は厳しい労働環境に置かれ、余裕がなく、多忙な状況になりやすいようです。そうした多忙で余裕のない教員が多かったとしたら、学校環境、教育にも望ましくない影響が生じてしまいそうです。もちろん、それぞれのデータにはいくつかの限界があり、すべての学校、すべての教員に当てはめて考えることには慎重さが求められます。それでも、少なくともわが国の教員の労働環境はゆとりがあるとは言えないことは、確実のように思われます。

こうした状況の中で教員に心身の不調が生じると、「メンタルヘルス不調に違いない」「精神的な不調だろう」と、不調になった教員自身も、同僚や家族も認識しやすくなります。ところが、こうした決めつけは、せっかく管理職や同僚が教員の心の変化に気づいても、支援を残念な結果に導いてしまうピットホールになることがあります。生じる問題が理解されやすくなるために、事例を提示したいと思います。事例は、個人が特定されないように配慮するために、お伝えしたい問題点が明確になる範囲で修正を加えております。

事例　**30歳代　男性　小学校教員**

様々な課題のある児童が多くいる6年生の学級を担任として担い、3月に無事に卒業を迎えた。卒業式を終えてほっとしたところで、集中力や意欲の低下を感じるようになった。その年度を振り返り、「高学年は向いてないのかもしれない」「次年度も6年生の担任と聞いていたが、1年間勤め上げることができるだろうか」と不安を抱くようになった。

新年度の4月以降も、集中力の低下を自覚することが続いた。授業中に児童から誤りを指摘されることが繰り返された。自信の低下、日中の眠気や倦怠感を感じ、同僚に相談したところ「精神的な不調かもしれない」と指摘され精神科受診を勧められた。

精神科の診療所を受診したところ、うつ病の可能性を指摘された。抗うつ薬と睡眠薬が処方され、休職が必要とする診断書が発行された。傷病休暇を取得し通院治療を継続したが、症状が一向に軽快しないことを心配した校長が、教育委員会人事担当部門の保健師に相談したところ、嘱託精神科医との面談がおこなわれた。面談の結果、うつ病よりも、極めて軽度だが意識障害があり、集中力が低下しやすいことや、その原因として身体疾患が潜んでいる可能性を指摘された。嘱託精神科医の勤務する病院で検査が実施された。その結果、脳腫瘍と診断が変更された。向精神薬はすべて中止の上、脳神経外科へ紹介され、腫瘍を摘出する手術の結果、一命をとりとめた。

事例　50歳代　女性　中学校教員

２年生の担任として勤務。ベテランであることから、若手教員の指導、運動部の指導と忙しい日々が続いていた。担当する学級、部活動でたびたび批判的な連絡をしてくる保護者への対応が1学期中続いた。疲労感を自覚するとともに、予定していた授業を取り違えるなどのミスが増えた。同僚や校長から忘れっぽさを指摘され、「疲れているのだろうから、少し休んだらどうか」「精神科を受診してみては」と、休職や精神科受診を勧められた。

精神科の診療所を受診したところ、うつ病の可能性を指摘された。抗うつ薬が処方され、休職が必要とする診断書が発行された。すると、忘れっぽさは家族からも指摘されるようになった。短時間ぼんやりとしては右手で机を繰り返し叩くことや、口をもぐもぐ動かす動作を繰り返すようになった。このため心配した夫が校長に相談したところ、教育委員会の保健師との面談を勧められた。面談の結果、嘱託精神科医の診察が実施された。うつ病ではなく、てんかんの可能性が指摘され、脳波検査が実施された。てんかんに診断が変更され、抗うつ薬中止、抗てんかん薬が開始されたところ諸症状は消退した。

憂うつな気分、不安感や焦燥感、集中力の低下、意欲の減退、食欲の低下や過剰、不眠や過眠といった症状があると、とかく精神疾患、メンタルヘルス不調と認識されやすいようです。特に、厳しい環境で働く人にこれらの症状が生じると、「仕事のストレス要因のせい」のように認識されやすくなります。しかし、こうした症状があるからといって「精神疾患に違いない」と判断し、いたずらに「見守る」という名の放置や、早急に精神科受診につなぐという対応は、望ましくない結果をもたらすことがあるので、注意が必要です。その理由は、これら2つの事例のようにメンタルヘルス不調のように見えても、原因が身体の病気である場合があるからです。

❷すべてをメンタルヘルスのせいだと決めつけない

気分や意欲の変化、睡眠の変化の背景に、身体の病気、処方薬やアルコールのような物質、偏った生活習慣が潜んでいることは決して稀ではありません。気分、意欲に変化をもたらす身体の病気としては、脳腫瘍、脳梗塞、脳出血などの頭蓋内に生じる病気が挙げられます。てんかんというとけいれん発作を起こすものと認識されやすいですが、けいれん発作以外にも記憶に支障が生じることや、感覚や気分、考える内容に変化が生じることもあります。頭蓋内以外の病気としては、甲状腺や副腎などホルモンを産生する臓器に生じた病気も有名です。一部の膠原病も気分や意欲に変化をもたらすことがあります。

睡眠に変化をもたらす病気もあります。睡眠時無呼吸症候群は、その中でもよく知られています。睡眠時無呼吸症候群は日中の眠気をもたらすため、二次的に仕事の能率が低下することやもの忘れが増えることがあり、結果的に自信、自己肯定感が低下して気分や意欲に変化が生じることが珍しくありません。

気分や意欲に変化をもたらす薬としては、喘息などの自己免疫疾患治療によく用いられるステロイドが有名です。他にも高血圧治療薬、胃酸の分泌を抑える薬が気分や意欲、睡眠に変化をもたらすことがよく知られています。

このように身体の病気や薬によって、気分、意欲に変化が生じたにもかかわらず、それがメンタルヘルス不調と認識されてしまうと、先ほど述べたように精神科受診を勧められやすくなります。診察した精神科医が、原因となっている身体の病気や薬を見逃さなければよいのですが、すべての患者さんにあらゆる検査をするわけにはいきません。慎重に診察をおこない、身体の病気や薬の影響を見逃さないようにしなくてはなりませんが、残念ながら精神科医の診療の質は十分に標準化されていない現状があります。

精神医療の質を高めることは重要ですが、それは精神医学の専門書で述べるべきことでしょう。ここで述べたいことは、学校の教員を支援する上でメンタルヘルスが重視され過ぎると、身体の病気や薬という原因が見落とされやすくなるということです。気分や意欲に変化が生じたからといって、メンタルヘルス不調と決めつけず、信頼できる学校外の専門家と早めに相談する姿勢が求められます。

教員の労働環境の厳しさ、メンタルヘルス不調者の増加が強調される中で、教員のメンタルヘルス支援に関わっていると、メンタルヘルスが強調され過ぎて初期対応が誤った方向に向かいやすくなる危うさを感じています。労働環境の是正、メンタルヘルスの視点はとても大切です。労働環境の厳しさという現状を理解しつつも、すべてを労働環境、メンタルヘルスのせいにせず、職場の中でも冷静な判断と対応を忘れないようにしたいものです。

耳慣れない医学用語が多くわかりにくい点があったかもしれません。「メンタルヘルス不調＝心と環境の問題」という認識は、メンタルヘルス支援を誤った方向に導きかねないピットホールと言えます。職場環境や職業特性について理解する前に、支援を効果的なものにするために、まずは「元気がないからといって、すべてがメンタルヘルスのせいと決めつけない方がよい」と知っていただけるとよいでしょう。

第2章

教員のメンタルヘルスと支援の仕組み

1 知っておきたい予備知識

唐突ですが、公衆衛生学という学問について触れたいと思います。これまで、教員のメンタルヘルスについて考えていくために精神医学の立場から話をしてきました。ただでさえ小難しい精神医学の上さらに公衆衛生学の話題が加わることに、「そんなに色々言われてはわかりにくい」と抵抗感を示す方もいらっしゃるかもしれませんが、ここで触れるのは公衆衛生学のほんの一部です。

皆さんと公衆衛生学の一部について共有しておきたいのは、教員のメンタルヘルスを理解する上で、公衆衛生学の考え方が役に立つからです。というのも、公衆衛生学とは、集団の健康の分析に基づいて、地域全体の健康への対応を考える学問です。ですから、「ある地域の教員」という集団の健康を分析することは、「日本全体の教員」のメンタルヘルスを考える上で重要になります。筆者が関わっている自治体の取り組みから、地域差はあるにしても日本全体の教員のメンタルヘルスに生かすことのできる何かを得られそうです。

公衆衛生学は疾病の管理について、予防という考え方を用いて3つのステップで整理しています。それが一次予防、二次予防、三次予防です。一次予防は発病の予防、二次予防は早期発見・対応することによる発病後の悪化予防、三次予防は重症化した疾患から社会復帰するための取り組みです。肺がんを例に説明しましょう。禁煙をはじめとする生活習慣指導により肺がん発症を防ぐための取り組みは、「一次予防」に該当します。健康診断で胸部レントゲン写真を撮影し、肺がんを早期に発見して早期治療するのは、「二次予防」に該当します。そして、肺がんになっても手術および術後の治療を実施し、呼吸機能の回復訓練、再発予防のための治療を実施することは、「三次予防」になります。

では、教員のメンタルヘルスについてはどうでしょうか。教員を対象に何らかの介入によって不調になること自体を防ぐのは、「一次予防」に該当します。軽症のうちにメンタルヘルス不調が察知された教員に対して介入し、その悪化や休職を防ぐのは、「二次予防」に該当します。そして、メンタルヘルス不調によって休職した教員に対して介入し、安定した復職、復職後の再休職を防ぐための取り組みは、「三次予防」に該当します。このように予防というフレームは、教員自らがセルフケアを心がけ、校長等管理職が職場をマネジメントし、教員が不調になることを未然に防ぐ上で必要な知識になるので、予備知識として理解しておくとよいでしょう。

次に、予備知識という段階からもう少し踏み込んで、教員のメンタルヘルス不調と一次予防、二次予防、三次予防の基礎に触れたいと思います。これを理解することは、将来の支援の仕組みづくりに大いに役立ちます。本来であれば一次から三次の順に述べるべきかもしれませんが、実際の支援は三次予防から着手することが多いです。筆者が教育委員会所属の保健師と取り組んだ経緯も、「休職中の教員に対してどのように対応したらよいか」という校長からの要請が始まりでした。そこで、ここでは三次予防、二次予防、一次予防の順に、教員のメンタルヘルス不調と対応の基礎について整理します。

2 教員のメンタルヘルスにおける三次予防

教員のメンタルヘルスにおける三次予防の対象は、メンタルヘルス不調によって休職した教員です。その目標は、休職した教員の円滑な復職と復職後の再休職防止です。休職した教員が復職するためには、病状が回復している必要があります。そして、復職という負荷が生じても病状が悪化しないことが必要になります。この2つの要件を満たすには、休職した教員の病状が十分に回復していることが必須になります。そのためには、休職した教員が適切な診断、治療を受けていることが必要です。そして、休職した教員が回復を実感し、復職したいという希望をもっている必要があります。復職後の再休職防止のためには、休職に至った経過を振り返り、不調を未然に防ぐための対処として通院治療の継続を含む具体的な対応について理解しておくことが必要です。

　復職を受け入れる教育委員会と学校は、休職した教員の病状が十分に回復していることを判断し、その診断と治療の適切性を判断する必要があります。そして、復職という負荷が生じても休職した教員の病状が悪化しないであろうと予測する判断が必要になります。また、復職後の業務負荷を病状に応じて調整することも求められます。復職後の再休職防止のために、学校にいる校長等管理職、同僚がどのような対応をすることが望ましいかについて理解しておく必要があります。

　こうした準備と判断のためには、休職した教員の診断、治療状況、回復水準、許容される業務負荷、不調のサインと対処について、関係者が休職した教員と個別に対話を重ねるだけではなく、関係者同士で情報を共有することも求められます。校長等管理職は、精神医学的な判断をすることが得意とは言えません。診断と治療の適切性や回復水準の見極めには、精神科主治医とは別の産業医あるいは嘱託契約をした精神科医が必要になります。また、職場のメンタルヘルスに一定の実務経験を有する保健師等の保健従事者が、関係者同士の情報をつなぐ連携実務者として機能する必要があります。

　自宅にいる状況で十分に回復しているように見えても、実際に復職すると想像以上に疲労が生じることや、不安が強まることはよく認められます。ですから、短時間から段階的に出勤を試みる、復職のためのリハビリテーションプログラムも整えておく必要があります。リハビリテーションプログラムは休職期間中におこなわれるので、リハビリテーション中に交通事故等に遭遇した場合の補償のための体制を整えておく必要もあります。

リハビリテーションの状況に関する報告、主治医からの意見、産業医あるいは嘱託契約をした精神科医の報告を取りまとめ、教育委員会における人事上の責任者へ判断の参考となる助言をするための会議体も必要になります。

休職した教員が復職する際には、不調に至った背景に特定の児童・生徒、保護者や、特定の上司、同僚との対人関係が存在していることがあります。また復職にともない、休職期間中に配置していた臨時任用の教員をどの時期に配置換えするのが適当かを検討する必要もあります。このため教育委員会の人事担当者との調整も必要になります。

このように、教員のメンタルヘルス支援における三次予防には多くの人々が関与し、様々な調整が必要になります。連携実務を担う保健師等は休職した教員、校長等管理職、産業医あるいは嘱託契約をした精神科医、主治医、人事担当の指導主事、事務職と対話しやすい状況にあることが望ましいでしょう。こうした点を踏まえて、教育委員会は連携実務を担う保健師等を十分に確保し、地域の医師会、病院協会や大学病院精神科と調整を図り、三次予防のための体制を整備することが求められます。

3 教員のメンタルヘルスにおける二次予防

教員のメンタルヘルスにおける二次予防の対象は、休職を要しない程度の不調がある教員です。その目標は、不調の改善と休職事例化の防止です。休職を要しない程度の不調を改善に導き、休職事例化しないようにするためには、不調の程度が軽いうちに支援につなぐことと、適切な支援が必要になります。不調の程度が軽いうちに支援につなぐためには、不調が軽い段階で校長等管理職や同僚に察知されるか、教員自身が早めに援助希求行動をとることができるかが鍵になります。

校長等管理職や同僚が不調になった教員を早めに察知するには、彼らがメンタルヘルス不調のサインを知り、不調になった教員への適切な初期対応と支援者につなぐ方法を理解する必要があります。また、教員自身が早めに援助希求行動をとるためには、若手からベテランに至るまで経験を問わず、教員自身がメンタルヘルス不調のサインを知り、早めに援助を求めること、相談することの重要性を理解する必要があります。

職場で見られるメンタルヘルス不調のサインは、表情がさえない、口数が減る、イライラしやすくなる、怒りっぽくなる、涙もろくなるなどの情緒面の変化よりも、早退や遅刻が増える、酒量が増える、浪費が増える、食事摂取量が増えるあるいは減る、胃痛、頭痛、めまい、倦怠感、下痢や便秘など、行動や身体の変化から始まることが多いようです。こうした不調のサインを理解し、変化に気づくためには、教員一人ひとりの日頃の様子を校長等管理職や同僚が知っておく必要があります。多忙な労働環境では、日頃から職員間のコミュニケーションを図るというのも難しいかもしれませんが、メンタルヘルスにおける二次予防のためにはとても重要です。不調のサインを知ること、適切な初期対応、支援者へのつなぎ、援助希求行動を含むセルフケアを知るための研修、ハンドブックやウェブシステムを利用した啓発も、メンタルヘルスの二次予防には欠かせない工夫と言えるでしょう。そうした意味では、三次予防で述べた連携実務を担う保健師等は、校長会への定期的な報告、教員の教育研修担当者との協議、研修の企画立案も、二次予防のために重要な役割になります。

適切な支援という点では、精神科医の筆者がこのようなことを言うのはなんとも肩身が狭いですし、同業者から非難を浴びてしまいそうですが、精神医療の質は地域、医師により格差が大きいように感じています。早めに察知、あるいは早めに援助希求行動がとられ、保健師へ報告されたものの、受診勧奨したところ休職を要しない程度だったにもかかわらず、受診先の精神科から休職診断書が発行されてしまうことがあります。そうした意味では、地域で信頼できる精神科医療機関を確保しておくこと、精神科受診前に保健師や産業医あるいは嘱託契約をしている精神科医が面談し支援するのも、二次予防における工夫として有効です。多くの保健師がメンタルヘルスの初期対応に慣れているわけではないので、嘱託契約をしている精神科医と教員の面談に保健師が同席し、初期対応を学ぶことも、二次予防を効果的なものにする上で重要と言えるでしょう。

適切な支援が必要なのは、不調になった教員だけではありません。校長等管理職への支援も重要です。保健師や産業医あるいは嘱託契約をしている精神科医との面談から得られた、職場において求められる対応について、保健師が校長等管理職へ伝えるとともに、早めに察知し支援につないだことを校長等管理職へ好意的にフィードバックすることも、効果的な二次予防を実践できる学校を増やす上で重要と言えます。業務負荷の調整については、児童・生徒の数に応じて配置される教員の数が決められている学校の特性を考えると、一般企業ほど柔軟な調整は難しいものです。1人の教員の業務負荷を調整すると、おろした業務を同僚か校長等管理職が担うことになり、職場全体の負担感が増します。こうした点を考えると、現在学校が担っている業務を整理すること、事務職員の手厚い配置、臨時任用教員の柔軟な確保が自治体の施策として検討、実行されることが、教員のメンタルヘルスにおける二次予防を有効にすると期待されます。ただし、事務職員の増員や臨時任用教員の柔軟な確保は、人件費という観点から反発も多いと聞きますが、教員の不調が悪化し、長期休業に至るとさらに人件費の支払いは増えます。二次予防が有効に機能しやすくなるための人事上の工夫は、もう少し議論され前向きに検討されてもよいように感じています。

不調になった教員が早めに適切な支援につながった後は、その後のモニタリングも重要です。保健師や産業医あるいは嘱託精神科医が定期的に面談し、回復を見届けながら業務上の負荷調整、モニタリング期間を検討する協議体も二次予防のためには重要な仕組みです。

せっかく支援につながり回復に向かっていても、異動にともない求められる配慮が途切れ、異動後に休職事例化することがあります。協議体や保健師が有効に機能し人事担当者との連携も図られていると、二次予防のための介入がおこなわれている教員に継続的な支援が生まれます。こうした仕組みも二次予防のためには重要と言えます。

4 教員のメンタルヘルスにおける一次予防

❶ 一次予防は可能か？

教員のメンタルヘルスにおける一次予防の対象は、不調になっていないあらゆる教員です。その目的は、教員がメンタルヘルス不調になることを未然に防ぐことです。とはいえ、そもそもメンタルヘルス不調の一次予防は可能なのでしょうか。一部の感染症は、ワクチンの予防接種によって発病を未然に防ぐことが可能です。例えば、天然痘は世界で初めて撲滅に成功した感染症と言われています。また、完璧ではないにしても、塩分摂取量、運動などの生活習慣を工夫することで、高血圧などいくつかの病気はその発生を未然に防ぐことができると言われています。

では、メンタルヘルス不調を未然に防ぐことは可能なのでしょうか。この質問には否定的な意見が多いようです。そもそもメンタルヘルス不調といっても、その原因は様々です。多くを占めるのは、職業性のストレス要因と個体（個人）がもつ性格傾向が関連した「適応障害」と診断される一群です。しかし、うつ病や統合失調症、アルコールや処方薬を含む薬物が関連した精神障害、甲状腺機能障害をはじめとする身体疾患によると思われる不調、摂食障害、のようにメンタルヘルス不調と一口にいっても、それは一様ではありません。これらの疾病を一次予防することのできる方法を、医学は解き明かしていません。ですから、「メンタルヘルス不調の一次予防は不可能」という主張にはある程度同意できます。

では、私たちは教員のメンタルヘルス不調の一次予防をあきらめてしまってよいのでしょうか。不調になって休職するかしないか、休職したらどうするかを論じることにとどまっていてもよいのでしょうか。筆者は、それにとどまらないで、もう少し教員のメンタルヘルス不調の一次予防の可能性を探る必要性を感じています。

❷一次予防を考えたい理由

確実な方法がなくても、教員のメンタルヘルス不調の一次予防を考えたい理由がいくつかあります。それは、不調がもたらす教員への影響、児童・生徒への影響、自治体への影響、の3つに分けることができます。メンタルヘルス不調は、教員に休職のしやすさ、復職の困難さをもたらします。また、教員のメンタルヘルス不調は、児童・生徒の成長に負の影響をもたらす可能性があります。そして、教員のメンタルヘルス不調は、自治体に支出増の影響をもたらします。それぞれについて簡単に述べたいと思います。

教員のメンタルヘルス不調と一般企業の会社員のメンタルヘルス不調を比べていると、教員の方が比較的軽症でも休職に至りやすいように感じています。その理由の1つは、児童・生徒、保護者への影響が大きいことかもしれません。会社員のメンタルヘルス不調が周囲へ与える影響が小さいとは言いませんし、会社員の業務も様々ですから一概に述べることはできません。しかし、メンタルヘルス不調が続く教員に、大切な子どもを預けたいと思う保護者はいないでしょう。やはり、教員は軽症でも休職に至りやすいように思われます。

また、会社員の場合、多少症状が残っていても業務内容を調整し、負荷が軽減されて復職することが少なくありません。完璧に復調していなくても復職しやすいように感じます。一方、教員の場合、業務内容の調整、負荷の軽減自体が困難です。学校全体の教員数は児童・生徒の数によって厳密に定められており、負荷を軽減するために余分に教員を配置することはできません。負荷を軽減するために担任ではなく副担任にする、教科担任にするという柔軟な対応も限界があります。復職に際し、かなり高い水準まで回復していることが、教員の場合には求められやすいと言えます。

学校行事という特有の文化も復職時期に影響します。かなり回復していても、児童・生徒への影響を考慮されて「次の学期から」「次年度から」「成績評価を終えてから」のように復職が先延ばしされ、教員の状態よりも学校行事が復職の判断材料になりやすいと感じることがあります。

このように、教員は一度メンタルヘルス不調に至ると休職しやすくなり、復職しにくくなります。さらに、休職の経験とその長期化は、「教員に向いていないのかもしれない」という自己肯定感の低下、「自分の能力が低いのだ」という自責感をもたらし、教員の苦悩を深めます。

そして、教員のメンタルヘルス不調は、児童・生徒に負の影響をもたらし、休職すれば補償と代替教員雇用のための給与が発生し、自治体に支出増を招きます。ですから、そもそものメンタルヘルス不調が生じること自体を防ぎたいと考えたくなります。とはいえ、「メンタルヘルス不調の原因になるすべての疾病の発生を防ぐ」という一次予防は無理だと思います。それでも、原因になる一部の発生を防ぐことは可能かもしれません。それは、例えば職業性ストレス要因の関与が強い適応障害が挙げられます。

❸職業性ストレス要因の関与が強い適応障害の一次予防

職業性ストレス要因の関与が強い適応障害であれば予防できるかもしれないと考えたのは、筆者が関与している自治体での取り組みがきっかけでした。

取り組みを重ねるうちに、教育委員会の保健師もメンタルヘルス不調への対応力が高まってきました。当初は保健師と筆者の2人が不調者からの相談に乗るため、筆者のスケジュールに合わせて相談日が設定されていました。つまり、相談者の相談したいタイミングは二の次だったわけです。精神保健未経験の保健師でも、筆者の面談に同席し、筆者がおこなう診断面接、支援のための対応を眺めつつ、面談ごとに筆者との間で質疑応答を繰り返していると、メンタルヘルス支援スキルは高まります。保健師の支援スキルが高まると、保健師単独での対応が可能になります。そうした中で、「精神科受診するほどではないかもしれないが相談に乗ってほしい」という依頼が、校長から保健師に入りました。筆者が保健師からの報告を受けたところ、適応障害と言えるが、休職が必要と思われる程度ではありませんでした。筆者から支援のポイントを伝え、保健師が単独で相談に乗り、背景要因を整理して対応方法を話し合い、本人、校長と方針を共有した結果、精神科を受診することなく、休職に至ることもなく順調に回復しました。

この「不調の一歩手前、不調になりかけでも早めに介入すること」の成功事例から、職業性ストレス要因の関与が強い適応障害であれば、一次予防が可能なのではないかと考えるに至りました。この一次予防を理解しやすくするために、職業性ストレス要因が関与した不調の発生メカニズムを整理したいと思います。

❹職業性ストレス要因が関与した不調を生み出す要因

職業性ストレス要因が関与するメンタルヘルス不調の発生メカニズムは、それほど単純なものではありません。1つの考え方として、NIOSH（National Institute for Occupational Safety and Health：米国立労働安全衛生研究所）の「職業性ストレスモデル」（**図2-1**、次頁）があります。この職業性ストレスモデルに基づいて、一次予防のために介入可能な要素を考えてみましょう。

まず、「職場のストレス要因」を調整するのは限界が多いように思われます。特に、教員の場合仕事の量を調整することは難しいですし、対人関係上の要因というものはたいてい避けることができません。

一方、業務の棚卸し、労働時間の調整は介入の余地がありそうです。学校組織全体での抜本的な改善には時間がかかりますが、校長等管理職が保健師、不調になっている教員と業務の棚卸し、労働時間の適正化について話し合うこと自体が、教員への治療的な

図2−1 NIOSH（米国立労働安全衛生研究所）の職業性ストレスモデル

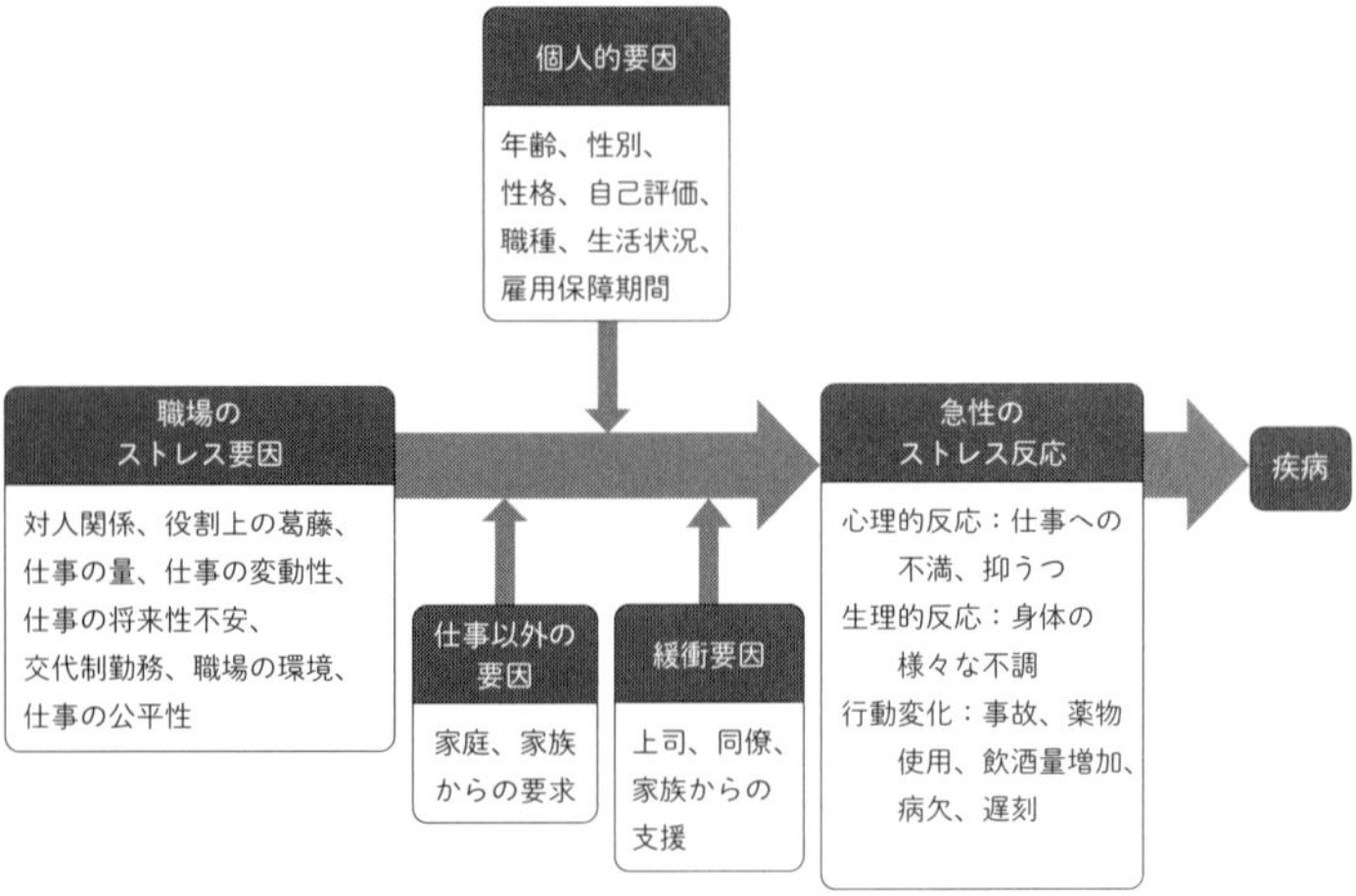

効果をもたらすことが期待できます。

それから、「緩衝要因」を校長等管理職に意識してもらうことは可能かもしれません。教員個人にセルフケアを意識してもらうことも可能です。

もちろん、職業性ストレスモデルには反論もあります。職業性ストレス要因が関与した不調はこのように単純化できないとする意見もあります。関与する要因はもっと複雑で、このように単純化して考えることで職場や当事者に負の影響がないかどうか慎重に議論すべきという意見もあります。

とはいえ、教員のメンタルヘルス不調による休職者数が高止まりする中で、何らかの手を打つ必要があり、できるところからやってみるという視点も必要です。

❺一次予防のための取り組みの実際

筆者が関与している自治体では、教育委員会の保健師、指導主事、事務担当者、校長、養護教諭、精神科医、心理士による協議体が立ち上げられ、一次予防のための取り組みが議論されるようになりました。そこでは職場のストレス要因、緩衝要因、個人的要因への介入のための具体策が検討されました。そして、職場のストレス要因、緩衝要因への介入として、校長等管理職向けの対応ガイドブックの作成・配布、新任校長、副校長・教頭、主幹教諭を対象とした研修が企画・実施されました。また、個人的要因への介入としては、全教員を対象としたニュースレターの配信、比較的不調者が生じやすい新採用者、初めて異動対象となる年次の教員（採用5年次）を対象とした研修が企画・実施されました。

校長等管理職を対象とした介入では、メンタルヘルス不調への基本的な理解を意図しつつ、不調者を早めに察知すること、察知したら精神科受診勧奨する前に保健師へつなぐことが特に重視されました。また、教員を対象とした介入では、教員の労働特性を理解すること、睡眠衛生、不調への基本的な対処方法、精神科受診する前に保健師へ相談することが特に重視されました。

さらに、対応する保健師が判断に迷いを抱いても迅速に適切な支援が実践できるよう、教育委員会と嘱託契約した精神科医を配置しました。保健師は電話やメールで嘱託精神科医といつでも相談可能とし、必要があれば保健師同席のもとで教員や校長等管理職と面談対応できる体制が整えられました。

❻一次予防のための取り組みの効果

一次予防のための取り組みの効果を評価するためには、何を指標として用いればよいのでしょうか。一次予防のための取り組みが成功すれば、教員の精神健康度が良好になるはずですが、精神健康度を調査するのは、調査される側の負担を考えると慎重さが求められます。そこで筆者が関与している自治体では、間接的な指標として、「精神疾患による病気休職者が在籍者に占める割合」「異動後2年以内に発生した精神疾患による休職者数」「精神疾患による新たな休職者数」を設定し、モニタリングすることになりました。

その結果が**図2-2**～**図2-4**です。「異動後2年以内に発生した精神疾患による休職者数」「精神疾患による新たな休職者数」は、期待通り減少のトレンドを描いていることが読み取れます。「精神疾患による病気休職者が在職者に占める割合」も、減少のトレンドを描くようになり、2017年度にはようやく全国平均を下回る結果になりまし

図2－2 年度別に見た小中学校教職員の精神疾患による病気休職者数と精神疾患による病気休職者の在職者に占める割合の推移

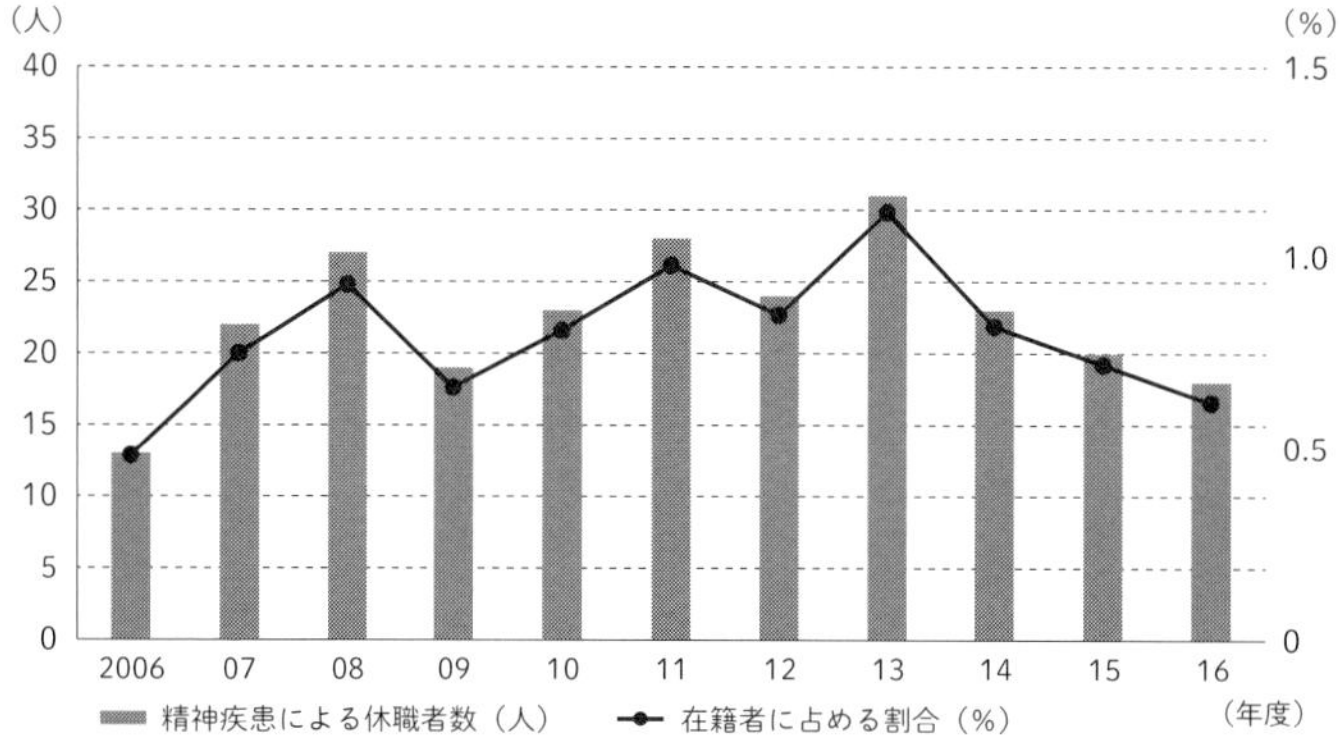

図2－3 異動後 2 年以内に発生した精神疾患による休職者数とその異動後 2 年以内の教員に占める割合

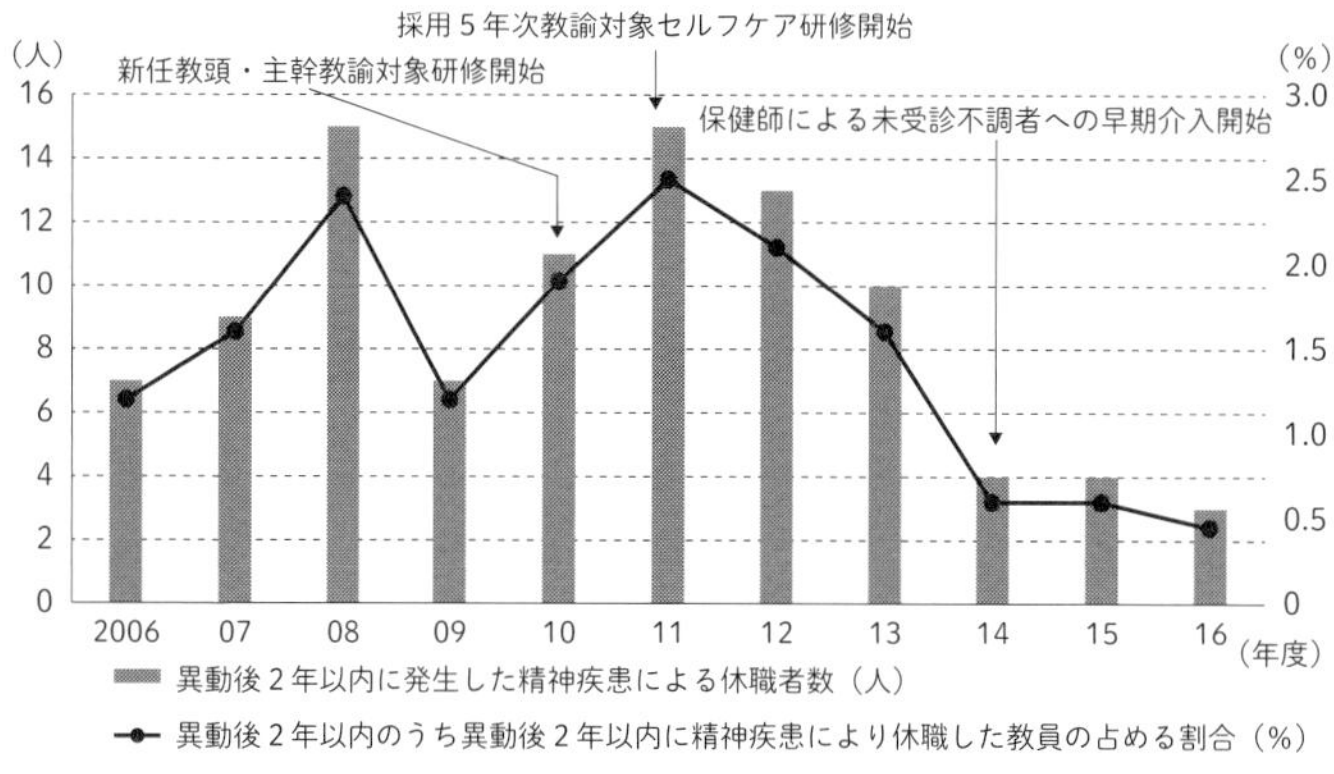

図2－4 精神疾患による休職者数の前年度からの継続者と新たな発生者の推移

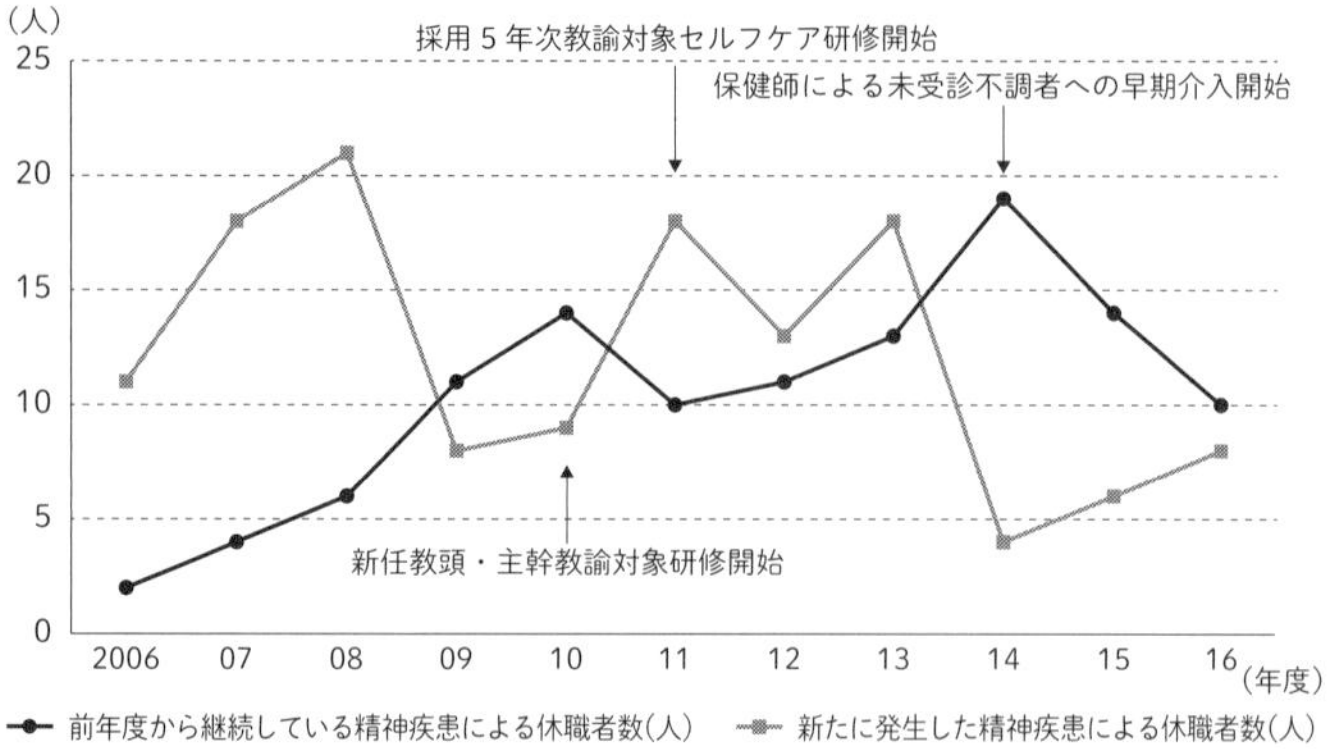

た。ところが、２０１８年度には再び上昇に転じています。これにはどのような要因が関与しているのかを明らかにするため、現在、分析をおこなっています。このように課題を定期的に整理しながら、取り組みを継続する必要がまだあると言えるでしょう。

❼取り組みから見出される課題

筆者が関与している自治体では、ようやく教員のメンタルヘルス不調による休職者数が減少傾向を示すようになりました。とはいえ、個別の支援に携わる中でなかなか解消されない課題はまだあります。一次予防のための取り組みが効果を発揮する鍵は、校長等管理職による早めの察知、教員本人の早めの対処、業務量や労働時間の適正化です。

保健師に連絡が入った時にはすでに精神科を受診し休職の診断書が発行されている、ということがまだあります。症状が軽く介入の余地があっても、精神科を受診すると休職の診断書が発行されやすい状況があります。精神科医の多くは、教員が休職したら復職しづらいことや校長等管理職との相談による改善の可能性について十分理解しているわけではありません。一度外来通院になってしまうと、休職、薬物療法という流れに向かいやすくなります。

校長等管理職も多忙ですから、教員の変化を早めに察知するのには限界があります。校長等管理職が対応しやすくなるよう作成されたガイドブックも、目を通していただかなければ意味がありません。ガイドブック発刊後しばらくの間はそれなりに見ていただけますが、情報発信を継続しなくては忘れ去られてしまいます。2018年度に精神疾患による休職者数が増加に転じたのには、そうした理由があるのかもしれません。校長等管理職への啓発が継続的におこなわれるよう、各校共通のウェブシステムにメンタルヘルスやガイドブックの情報につながることを意図したバナーを表示させるなど、啓発の工夫が検討されています。

企画された研修も、グループワークを取り入れるなど効果的な研修になるよう意図されていますが、継続的な意識づけがなければ校長等管理職、教員自身の意識からは薄れていってしまいそうです。教員の研修は年次ごとに数多くあり、メンタルヘルスに関する研修より重視される内容があれば削除されてしまいかねません。ですから、保健師には教育研修を担当する部門との密な連携も求められます。

教員の働き方改革で議論されているように、教員の業務量は膨大です。労働時間のモニタリングが始まっても、不調になった教員や校長等管理職から話を聞く限り、残業時間の現状はあまり変わっていないようです。教員のメンタルヘルスを良好なものにしていく上で、働き方改革の議論は切り離せません。文部科学省事務次官通知「学校における働き方改革に関する取組の徹底について」が自治体へ届いてから、現実的な条件もあり改革の歩みはゆっくりとしたもののように感じています。急いては事を仕損じるものですが、できるところから進められていくことを強く願っています。

本章では教職員のメンタルヘルスにおける支援の仕組みを予防の観点から整理しました。予防の観点から教員、校長等管理職、教育委員会それぞれにとってできることが多くあります。その具体的なことに関しては、第3章から第5章をご参照ください。

❽予防という言葉が招くマイナス面

予防についてこれだけ述べた上で申し上げるのに躊躇するところもありますが、自治体単位で教員のメンタルヘルスに関する啓発をおこなう際には、予防という言葉を強調し過ぎることは避けた方がよいでしょう。予防という言葉を強調し過ぎると、不調になった本人にとっては「予防できなかった私」という認識を生み出してしまいます。この認識は回復の妨げになります。また、「予防しなくてはならないもの」という認識が集団の中で強まると、メンタルヘルス不調への偏見や恐れを強める要因になりかねません。

新型コロナウイルス感染症の流行にともない、感染症を予防するための情報が様々なメディアを介して拡がりました。その結果、陽性者や医療従事者への排除や偏見も生まれました。陽性者が発生した家庭は、近隣から排除の雰囲気が生まれてしまい、転居せざるを得なかったという話も耳にしました。また、陽性者が発生した飲食店は閉店を余儀なくされたという話も耳にしました。

疾病予防は大切な取り組みです。できることなら罹患して苦しい思いをする人は最小限にとどめたいものです。とはいえ、予防を強調し過ぎることは、その疾患への偏見、罹患した人を排除する雰囲気を生み出します。大切なのは、メンタルヘルスや心の不調について気軽に語れる、相談できる、助けを求めやすい職場をつくること、人を育てることです。ですから、職場におけるメンタルヘルスに関する啓発を進める際には、予防という言葉を慎重に扱うこと、あえて予防という言葉を用いないことが大切と言えるでしょう。そういうわけで、以降は予防という言葉をあえてなるべく用いないようにします。

第3章

教員が実践したいメンタルヘルスサバイバル術

1 教員自身に求めてよいのでしょうか？

教員のメンタルヘルスについて考える際、筆者はどちらかというと教員自身に意識を変えてもらうより、学校教育制度の設計を見直すことを優先してほしいと考えています。それは、社会が変化しても学校教育の仕組みは基本的に戦後のまま変わっていないように思えるからです。教員のメンタルヘルス支援に関わるようになってから、「制度疲労」という言葉が頭の中に浮かび続けています。ですから、教員のメンタルヘルスについて考える際、教員に何かを強いるというのは矛盾しているように思えてきます。

とはいえ、制度改革と呼ばれるものは往々にして時間のかかるものです。そこに期待はもちつつも、指をくわえて待ち続けるのも得策とは言えません。ただ「制度が悪い」と叫び続けるのは、賢い判断とは思えません。ですから、歪みのある仕組みの中で自分自身が不調にならないためのサバイバル術を身につけることも必要のように思われます。

そこでここでは、教員ができるメンタルヘルスのためのサバイバル術、すなわち課題の多い学校教育制度の中で生き抜いていくための技術について述べたいと思います。

2 セルフケアを意識する

❶身体の疲労をコントロールする

多忙な中で生き抜くためには、まずはいかに疲労をコントロールするかが基本になります。教員である以前に人間ですから、常に走り続けることはできません。疲労をコントロールする上で重視されているのが、なるべく良質な睡眠をとることです。そのためには、当たり前のことかもしれませんが、睡眠を良質にしてくれる生活習慣を増やし、睡眠を妨げる生活習慣を減らすことが大切です。

睡眠を良質にしてくれる生活習慣としては、日中の活動量を維持すること、寝心地がよく寝返りを打ちやすい寝間着、寝具、静かで明るくない寝室、朝は明るい光を浴びること、就床前のリラクゼーションが重要と言われています。一方、睡眠を妨げる生活習慣としては、週末の長時間の寝だめ、長時間の午睡、就床直前に入浴し体温の高いまま就床すること、夕方以降のカフェイン含有飲料（コーヒー、紅茶、緑茶、烏龍茶、エナジードリンク等）の摂取、多めの飲酒が挙げられます。

また、掻痒感、疼痛、異常知覚をもたらす身体疾患にも注意が必要です。下肢を中心にムズムズ、そわそわ感を自覚し睡眠が妨げられる現象として、レストレスレッグス症候群があります。過多月経、貧血のある女性、鉄欠乏の状態、類似した症状をもたらす吐き気止めを服用している人で認められることが多いです。自覚症状がある場合には服用している薬について薬剤師に相談すること、女性の場合には婦人科や内科で相談することをお勧めします。

それから、肥満のある人では睡眠時無呼吸にも注意が必要ですが、最近では肥満のないスリムな人でも見受けられます。食生活等の生活習慣も影響してか、若い人たちを中心に下顎の小さな人が増えているようです。そうしたいわば「小顔」とも言える人は、口腔内の容積が小さくなりますが、舌の容積は小さくなりません。結果的に気道が狭くなり就寝中に無呼吸が生じやすくなるようです。ですから日中の眠気を強く感じるようでしたら、一度、医療機関で相談するとよいでしょう。最近では、街の内科診療所でも睡眠時無呼吸に関する簡易検査ができるようになりました。かかりつけ医のある方は気軽に相談することをお勧めします。

教員と面談していると、週末の寝だめ、多めのカフェイン含有飲料摂取の習慣をよく耳にします。夜遅くまで仕事をしていて、入浴してあわてて就床する習慣も見受けられます。中には疲れてしまい、そのままソファで寝てしまうという話もよく耳にします。もちろん、こうした生活習慣の課題があっても疲労や睡眠に問題がないのであれば、特に生活習慣を変える必要はないと思います。過度に睡眠を意識すること自体、睡眠に悪影響をもたらすようです。しかし、疲労や睡眠に支障を感じているようでしたら、生活習慣を見直すことも大切と言えるのではないでしょうか。疲労を解消するためによく眠りたいからという理由で、睡眠薬を服用しているという話を耳にすることがあります。睡眠薬は必要性が高い場合、短期間の使用にとどめるのであればよいのですが、長期使用は様々な副作用をもたらすことがあります。睡眠に困ったら、睡眠薬を使用する前にまずは生活習慣を見直しましょう。処方箋のいらないドラッグストアで購入できる睡眠改善薬の中には、意識障害を引き起こすものや依存性の強いものもあります。ドラッグストアで購入できるからといって、安全とは言えません。薬よりもまずは生活習慣に着目しましょう。

❷労働特性、労働環境の特徴を心得ておく

教員が自分自身の労働特性、学校という労働環境の特徴を心得ておくことも大切です。教員という職業について、感情労働の特性をもつということ、やり始めたら際限がなくなりやすいこと、知らぬ間に労働時間が長時間化しやすいこと、などの特性を知っておくことが重要です。これを知ることで、疲労を蓄積させない仕事の仕方を意識するようになります。また、学校という職場の中にいる自分を客観的に見る視座がもたらされ、疲労の蓄積を感じてもその理由を理解しやすくなり、対処しやすくなるでしょう。もち

ろん、対処しても疲労や不調が続く場合には早めに上司に報告するか、保健師に相談することをお勧めします。

1990年代後半から2000年代初頭にかけて、「ブラック企業」という言葉が聞かれるようになりました。「ブラック企業」とは、会社組織に欠陥があり、それによって従業員に過重な負担を強い、サービス残業が恒常的になり、人事考課制度や給与制度が恣意的に運用されるなど、働く人に大きな負担が生じやすい企業を指す言葉です。

教育社会学が専門で名古屋大学の内田良氏は、学校組織の課題を「ブラック残業」「ブラック部活動」「定額働かせ放題」といった言葉で鋭く指摘しています。教育委員会、校長、副校長、教務主任にとって、これらの言葉は居心地の悪さを感じさせるかもしれません。筆者は内田良氏のこの言葉を耳にした時、「まさにその通り」と思わず膝を打ちました。「ブラック」さの理由は内田氏の著書をご覧いただければと思いますのでここでは詳細を述べませんが、残念ながら学校という労働環境には「ブラック」な要素が存在します。それらは改善されてしかるべきですが、改善には時間がかかります。今の段階では「ブラック」な要素があること、教育委員会、校長等管理職は望んで「ブラック」を強いているわけではないこと、学校教育制度の変遷の中で生じてしまったということを知っておくとよいでしょう。さらに、学校の働き方改革が議論され、改善の取り組みが進みつつあるということも知っておくとよいでしょう。知ると知らないでは、知っている方が心の準備や、いい意味での割り切りも生まれやすくなりますし、「ブラック」に身をさらすことで生じる心の変化の理由が理解されやすくなります。理由のわからない心の変化より、理由のわかる心の変化の方が感じる負担は軽くなります。そして、学校に「ブラック」をもたらしていると言われている「公立の義務教育諸学校等の教育職員の給与等に関する特別措置法（給特法）」についても理解を深め、「おかしい」と感じることがあれば発信していくことが、学校教育制度の改革が前進する力になるでしょう。

❸ハイリスクな時期を知っておく

不調になりやすいハイリスクな時期があることを知っておくことも重要です。心の準備があると対処行動も生まれやすくなります。「年中多忙な教員なのだから年中ハイリスク」という意見もあるかもしれませんが、教員のメンタルヘルス支援に関わっていると、休職事例発生の集中する時期があることに気づきます。新採用1年目、異動後2年未満はハイリスクな時期です。また、指導者が離れ独り立ちする採用2年目や、昇格して新たな役割を担うようになる時期もハイリスクな時期です。それ以外に結婚や離婚、親の介護など、個人的なストレス要因が生じる時もハイリスクな時期と言えます。業務量の増える試験、成績評価の時期もハイリスクな時期です。新型コロナウイルス感染症が流行した2020年、2学期の開始と同時に試験、成績評価という状況が生まれました。筆者の関わる自治体ではその9月に、精神疾患による不調者が急増しました。

年中多忙な中でこうした要因が重なり、そこに児童・生徒、保護者、同僚との対人関係に新たな要因が発生すると休職事例化しやすいようです。ハイリスクな時期があるということを知っておくことは、その時期に新たなストレス要因が生じた時の援助希求行動を生み出しやすくします。

❹自分自身の疲労のサインを知っておく

不調を悪化させないためには、軽いうちに早めに気づき手を打っておくことが重要になります。そのためには、自分自身の疲労のサインを知っておくとよいでしょう。疲労のサインは人それぞれ異なります。よくあるサインとしては、寝起きがスッキリしない、集中力が落ちる、長引く倦怠感が挙げられます。感情労働だからこそと言えるものとしては、感情表出の仕方に柔軟さが欠けてしまうこと、怒りっぽくなる、逆に感情の豊かさが失われ四角四面な態度をとりがちになることも疲労のサインと言えます。そして、衝動買いが増える、飲酒量が増える、パチンコなどのギャンブルに足を運ぶことが増えるという行動の変化も疲労のサインです。

これらの疲労のサインを知っておくことで、自分の感情や行動に変化が生じた時に、早めの対処行動が生まれやすくなります。

❺疲労のサインに気づいたら

疲労のサインに気づいたら、これまで述べた生活習慣を見直すことがまずは必要になります。さらに心がけたいのが、援助希求行動を意識するということです。援助希求行動とは、助けを求める行動です。つまり誰かに打ち明ける、相談するということです。

日頃からあるいは困った時に相談できる人の有無とメンタルヘルスの状況に関する教員を対象とした調査で、相談できる人がいた方がメンタルヘルスも良好になりやすいことが指摘されています。その調査で指摘されているもう一つ重要な点としては、援助希求の特性が強い方がよりよい結果が出ていたことです。つまり、職場の内外に困ったらいつでも相談に乗ってくれる同僚、管理職、保健師がいることは大切ですが、教員自身が相談することをなるべく遠慮しないことも求められるのです。

教員はとかく自分の学級、学科のことは自分の責任でなんとかしたいと思いがちです。様々な問題が生じやすい今日の学校では、そうした姿勢はかえって問題の解決を遠ざけます。日頃から相談しやすい人と良好な関係を保ち、折に触れてコミュニケーションをとり、いつでも協力し合える状況をつくっておくことが重要と言えます。

❻セルフケアに認知行動療法を取り入れる

働く人のメンタルヘルスのために認知行動療法（Cognitive Behavioral Therapy：C

ＢＴ）を活用することによる効果が複数報告されつつあります。認知行動療法というと耳慣れない言葉かもしれません。認知行動療法は精神療法の１つで、もともとはうつ病や不安症などいくつかの精神疾患に広くおこなわれ有効性が確認されています。認知とは「ものの受け取り方」「ものの見方」を意味します。認知には何かの出来事があった時に頭の中に瞬間的に浮かぶ考えやイメージがあり、それは「自動思考」と呼ばれています。人の感情や行動は、自動思考の影響を受けて変化すると考えられています。この自動思考に働きかけることで感情や行動に変化をもたらし、ストレス状況にさらされても感情や行動をよい方向に変化させようとするのが認知行動療法です。認知行動療法では、つらくなった時に一旦立ち止まり、頭に浮かんでいる自動思考を現実に沿った柔軟でバランスのとれた新しい思考に変えていくことでストレス状況を和らげます。

疾患ではなくても、不調ではなくても、人の感情は思考の内容や行動と関係し合うものです。認知行動療法は思考を取り扱いながら、感情や行動に良好な変化をもたらします。柔軟な発想をもたらし、現実的に困難な状況に対してしなやかに対処する術を与えてくれます。こうした考え方から、個人や集団を対象に、認知行動療法のスキルを身につける、すなわち認知行動療法を活用してセルフケアを実践する手法が開発され、働く人たちのメンタルヘルスの改善や休職者数の減少といった効果が確認されつつあります（詳細は第８章参照）。さらに、セルフケアのスキルを高めたい人にとって、認知行動療法は大きな力になるでしょう。ただし、すでにメンタルヘルス不調になっている人の場合には、副作用が生じることもあります。あくまでも元気なうちに活用し、不調になっている場合に活用したい人は主治医と相談しましょう。

3 採用後間もない教員が意識したいこと

採用後間もない時期に不調になった教員から、「同じ学年の先生たちと比べて、自分が学級をまとめきれていないと感じて、力不足を感じるうちに落ち込むようになりました」と打ち明けられることがあります。よく話を聞いてみると、その同じ学年の先生たちは大ベテランだったりします。大ベテランと比べたら力が劣って当たり前です。こうした認識をもちやすいのは、教員の場合、採用されると児童・生徒からも保護者からも一人前として扱われやすい、期待されやすいというところが影響しているのかもしれません。

医師の場合には、色々と問題も指摘されている研修制度ですが、指導医と研修医とで役割や責任の所在がある程度明確です。医療行為によっては単独でおこなってよいものと、指導医が同席する必要のあるものが存在します。患者さんもユニフォームの違いなどから、医師が研修医なのか指導医なのかということを見分けています。良い悪いは別にして、負担が生じた際には「研修医だから」というエクスキューズが可能になります。

一方で教員の場合には、採用後ベテランと変わりなく学級担任を担います。周囲が一人前と認識してしまうと、若手教員自身も一人前として役割を果たさなければならないと思うようになります。「新人教員だから」というエクスキューズが認められにくい状況になります。しかし、ベテランと若手で同じように力を発揮できるわけがありません。

教員の卒前卒後育成プロセスには、多くの課題が指摘されています。社会が教員に求める事柄が増えている割に、教員を育成する仕組みは大きく変化していません。採用後間もない教員は、そうした課題のある育成プロセスに身を置いていることを認識し、ベテランと比較して自責的な自己評価をすることに意義のないこと、虚心坦懐に学び、経験を重ねることを意識することが求められます。

4 精神科受診の前にしたいこと

❶まず職場の資源を活用する

ここまで、不調にならないために教員自身が意識したいことを中心に整理しました。それでも、不調になり、持続してしまうこともあります。不調が続くと精神科という診療科に不安を抱きつつも、精神科を受診すればなんとかなるかもしれないと考えるようになります。くどいようですが、そうした際にもあわてて精神科を受診するのではなく、まずは校長等管理職を介して、あるいは配置されている場合には教育委員会の保健師に相談することをお勧めします。

残念ながら精神科医の診断は偏りやすいようです。うつ病が適応障害と診断されたり、適応障害がうつ病と診断されたり、躁うつ病がうつ病と診断されたりすることがあります。「それって誤診でしょう」「精神科医ってヤブ医者が多いの？」という声が聞こえてきそうです。確かにそうしたご意見は正しい部分があるかもしれません。一方で、精神科診断は客観的な指標が乏しいという点での困難さがあります。内科や外科のように血液検査や画像検査で診断ができるものはありません。医師間での診断の一致度を高めるには丁寧な問診が必要になりますが、診察にかけることのできる時間には限りがあります。誤診を言い訳するつもりはありませんし、大学に所属する筆者としては医師の教育における課題を強く意識しています。精神科を利用する側にとっては、そこには限界があるということも理解しておくとよいでしょう。

治療における課題としては、薬物療法が過度におこなわれやすいという点があります。いくつかの精神疾患は、薬物療法がその回復のために不可欠です。こうした精神疾患の治療に際しては、「向精神薬は危ない」と過度に薬物療法を恐れることは危険です。実際、そうした認識を抱きやすく、服薬が不安定になり回復が遠ざかる人がいます。一方で、その人のストレス状態への対処特性、周囲の環境、業務適性、生活習慣などが複合的に関与したメンタルヘルス不調や睡眠の問題の場合、求められるのはこれらの要因への対応です。薬物療法は補助的なものになります。

薬物療法が過度におこなわれやすい背景には、短時間の診療でなんとか治療満足度を高めようとする医師側の意識と、ストレス状態への対処特性、環境、業務適性、生活習慣への対応という面倒なことよりも薬でなんとかしたいという患者側の意識が関与しているという指摘もあります。補助的な効果しか期待できない状態に対して薬物療法を過度におこなうことは、薬物依存、集中力の低下、転倒によるけがなどの副作用によるデメリットをもたらすことになりかねません。

このように、精神科医療には様々な課題があります。そして、学校という特殊な職場事情に詳しい精神科医は希少です。多忙な診療の中で、精神科医療側から積極的に学校との連携を図るというのも困難です。一方、校長等管理職、教育委員会所属の保健師は学校という職場事情に詳しく、業務調整を図りやすい存在です。メンタルヘルスに詳しい管理職や保健師であれば、強い味方になります。不調になり精神科受診を考える前に、管理職や保健師など、職場にある資源を積極的に活用しましょう。

❷受診先の選び方

こうした課題が精神科にある中で、筆者のような立場の人間がすべきことは、精神医療の質向上のための教育ですが、教育が効果を発揮するには時間がかかります。「医師の卒前卒後教育が効果を発揮するのを待ちましょう」というのも考えものです。それでは安心して精神科を利用できません。

そこで皆さんにお願いしたいのが、精神科を選ぶことです。とはいえ、選択する際に参考になる基準がないというのも現実としてあります。優れた精神科ランキングのようなものはありません。こうした状況の中では、望ましくないと思われる精神科医の対応を知っておくことが解決策になります。これを知っておくことで、一度受診してみて「ここはやめておこう」という判断が生まれやすくなります。

まず、診断において望ましくない対応としては、初診の際に待合室で記入した問診票や症状評価のためのチェックリストだけで判断し、数分で診察を終える、生活習慣や服用している薬を尋ねない、体調を尋ねない、という精神科医の診療姿勢が挙げられます。これらが該当するとしたら、受診先の変更を検討しましょう。

そして、治療において望ましくないと思われる対応としては、初診時に同じ効果の薬を2種類以上処方することが、わかりやすくて比較的確実な判断基準になります。つまり、抗うつ薬を2種類以上、睡眠薬や抗不安薬を2種類以上処方された場合には要注意です。薬の効果はわかりにくいですが、処方箋を取り扱う薬局の薬剤師に尋ねればすぐにわかります。

患者がこうした受診先の選択基準を知り、賢く受診先を選ぶことができると、それは精神科医療の質向上にも役立ちます。

5 休職した場合にしたいこと

❶休職する前に知っておきたいこと

不調が持続すると、頭の中にちらつくのは「休職」の二文字です。つらい状況を解決するために、休職はよい結果をもたらすこともあります。不調なまま職場に身を置き続けるのはとてもつらいですし、不調さがあっても、職場から離れることで多少なりとも和らぐかもしれません。休職を「逃げている」と否定的なニュアンスでとらえる人もいますが、学校のように「ブラック」な環境であれば、逃げるというのも否定的にとらえる必要はありません。むしろ積極的に逃げてよいと思うこともあります。

一方、休職にはデメリットもあります。休職は、治療において必要な介入という側面があります。つまり薬と同じです。薬に有効性と副作用があるように、休職にも有効性と副作用があります。休職の有効性は、負荷を軽減し治療に専念しやすい状況を生み出すことと言えるでしょう。一方で休職の副作用とは、自己肯定感の低下をもたらすことがあるという点です。「休まざるを得ないということは、自分には教員が向いていないということだ」のような偏った認識を強めてしまうことがあります。また、一度職場から離れると復職への不安も高まります。

だからといって、症状が重いのに休職してはいけないということではありません。要は、休職を決める際は早まって判断するのではなく、慎重に判断する必要があるということです。1人で決めるのではなく、主治医と相談することはもちろん、できれば校長等管理職や教育委員会所属の保健師と相談し、合議で判断することができるとよいでしょう。

❷休職中の目標

避けたくても休職に至ってしまうことはあります。決して休職したことを後悔し続けるのではなく、回復のためにエネルギーを蓄える時と認識し、休職中の時間を有効に生かしていただければと願うばかりです。

休職中の療養の仕方は、原則として主治医の先生に尋ねていただくのがよいでしょう。ただ、短時間診療では、主治医に色々尋ねづらいかもしれません。主治医に遠慮することはありませんが、休職中の基本的な配慮事項を参考までに整理しておきたいと思います。

まず、休職中の目標は、仕事のない状況下での回復です。そのためには、できる限り規則正しい生活を心がけましょう。眠気や倦怠感が強く、生活リズムを保ちにくい場合には、主治医に処方薬の影響を尋ね、必要があれば整理してもらいましょう。血液検査をしていない場合には、甲状腺機能障害など身体的な異常が察知されていない可能性もあります。血液検査をしてもらえるよう、主治医に体調や検査について相談しましょう。

症状がなかなか改善しない場合には、遠慮せずに主治医に相談しましょう。相談しても納得できる答えが返ってこない場合には、セカンドオピニオンを利用しましょう。セカンドオピニオンというと主治医に遠慮してしまう人が少なくないですが、精神医療は未熟です。他の医師の意見を聞き、治療過程を見直すことで回復が早まることは珍しくありません。

仕事のない状況下で回復を実感するようになると、「復職」の二文字が頭に浮かんでくると思います。そして、たいてい「学期の始まりに合わせて」「年度末に」など、自身の調子よりも学校行事に合わせて復職のタイミングを見計らうようになります。ここに落とし穴があります。復職を判断するための指標は、あくまでも休職している人の回復レベルが良好かどうかに尽きます。学校の都合はその次です。その点を見誤ると、回復レベルが不十分なのに学校行事優先で復職し、悪化、再休職という避けたい状況に陥ってしまうことがあります。この点は十分な注意が必要です。回復レベルを評価する上では、食欲、睡眠の安定、疲労感の消失、好きなことへの関心の回復が必須です。その上で、例えば図書館に少しずつ通い、長時間読書ができる、少し難しい本も集中して読み通せる、翌日に疲労が残らないなどが確認できるとよいでしょう。

現在、多くの自治体では休職期間の後半を利用して最長3か月程度、職場に通いながら少しずつ復職のための練習をすることができる制度が整えられています。図書館などの近隣環境を利用した自主的な練習について主治医と相談しながら実施し、特に問題がなければ主治医、校長等管理職、教育委員会所属の保健師と相談して、職場を活用した復職のための練習について検討することができるとよいでしょう。

❸復職後にしたいこと

復職後の目標は、仕事のある状況下で回復することです。復職後は、たいていの場合いくつかの負荷が軽減されています。この負荷が軽減されている状況下で、仕事のある生活に心と身体を慣らしながら、仕事のある状況下でも安定していくことが回復のステップの最終段階と言えるでしょう。そのために大切なのは再休職を防ぐことです。休職を繰り返すと、「教員に向いてない」という認識を深めやすくなり、自己肯定感は低下します。ですから、休職を繰り返すことはできる限り避けたいものです。ことさら神経質になる必要はありませんが、再休職を防ぐために役立ついくつかの留意点を知っておくとよいでしょう。

復職すると、休職経験も影響してか、周囲の教員や校長等管理職に気を遣い、遠慮がちになる教員を目にします。職業性ストレスモデル（44頁）にある通り、不調を防ぐ上で大切なのは「緩衝要因」です。緩衝要因を得るには、相談する機会や良好なフィードバックを得る機会が必要になります。配慮のある校長等管理職がいれば彼らから声かけがあるはずですが、教員自身も遠慮することなく言葉を交わす機会を得られるよう、校長等管理職に報告する機会をもつとよいでしょう。業務上の報告をする機会は、相談やフィードバックを得る機会を生むことになります。

復職直後は、業務上の負荷軽減措置が図られていることが少なくありません。この点に気を遣い、職場や周囲に申し訳なさを感じる人が多いのですが、回復のためには必要な措置です。甘受し回復を目指しましょう。負荷軽減措置の段階的な解除は、主治医、校長等管理職、教育委員会に委ね、相談を重ねていくとよいでしょう。

時折、負荷軽減措置の解除に過度な不安を抱く教員に出会うことがあります。再休職を恐れるあまり負荷軽減措置の解除に不安を抱く気持ちもわからなくはありませんが、負荷軽減措置が見直されないまま続くことのデメリットもあります。教員としての成長が阻害されたり、自己肯定感の回復の妨げになることもあります。抱いている不安を包み隠さず伝えながら、相談し納得できる形で段階的に負荷軽減措置が外されていくことが望ましいです。

❹「ブラック」と付き合いつつ発信する

繰り返すようですが、残念ながら学校という職場には「ブラック」な要素が横たわっています。採用前にそれを知らず、勤務し始めてから気づいて退職を選び、異なる環境で天職を得ている人もいます。それも間違いではありません。

教員という職務に魅力を感じて教員を続けていきたい人、様々な理由があり退職するわけにはいかない人は、「ブラック」な要素が将来改善されることを期待しつつ、当面は割り切って「ブラック」な要素と付き合いつつ、不調にならないようにすることが現実的な判断です。そのために必要なのは、一定の責任はとりつつも柔軟に身をかわすスキルです。仕事から逃げるのは得策ではないですが、要求に応え続けるのも大変です。不調を防ぐ生活習慣を含む配慮を心がけ、周囲に助けを求めつつ、柔軟さを心がけていくことができるとよいでしょう。

そして、「ブラック」に過剰適応しないことも重要です。「ブラック」さがもたらしている問題に対して客観的に認識し発信することは、学校教育制度をより望ましいものに変化させる力になります。教員が健全な環境で働くことは、その姿を目にする児童・生徒に良好な影響を与えるはずです。

第4章

校長等管理職が実践したいメンタルヘルス支援

1 校長等管理職に求められることがある理由

校長等管理職に教員のメンタルヘルスを意識してほしい理由は明確です。職場の衛生管理が求められているからです。とはいえ、今日の校長等管理職は多忙です。その多忙さ、責任の重さもあってか、自主降格を希望する校長も少なくありません。ですから、校長等管理職に教員のメンタルヘルスへの対応を求めるのも気の毒のように感じます。筆者自身、職場の健康管理に関わる立場にあるので、職場にいる医師たちのメンタルヘルスに配慮しろと言われると、「自分のメンタルヘルスにも配慮してほしい」と言いたくなります。校長等管理職の中にも同じように感じる方が少なくないのではないでしょうか。

第3章で述べた通り、筆者は、メンタルヘルスの課題解決を学校に求めるよりも、学校教育制度の設計を見直してほしいという立場です。学校が担っている業務を減らすこと、いくつかの業務を教育委員会へ移管すること、管理業務を担う教員を増やすことは、もっと積極的に検討されてよいように思います。とはいえ、やはり制度改革を待ち続けるのは得策とは言えません。今いる教員が不調にならないよう、不調になっても回復を目指しやすくなるようにするためには、校長等管理職にも教員のメンタルヘルス支援の一翼を担っていただきたいと願っています。

教員支援に関与していると、校長の異動を契機に復調する教員に出会うことがあります。複数の不調者がいた学校が、校長の異動とともに不調者が減るという現象に遭遇することもあります。こうした事実があるからといって、校長等管理職が不調の原因と言いたいわけではありません。ここで述べたいのは、メンタルヘルス不調からの回復に、校長等管理職の関与は少なくないということです。職場にメンタルヘルス不調者が発生すると、校長等管理職の負担も増えます。不調になった本人への配慮だけではありません。人事上の調整、教育委員会とのやりとり、保護者対応など、仕事は一気に増えます。日頃から予防的な視点をもち、職場におけるメンタルヘルスを意識しておいた方が、校長等管理職のためにも望ましいように思われます。そこでここでは、校長等管理職に求められることを整理したいと思います。

2 援助希求行動と組織公平性

❶事例から学ぶ校長等管理職ができること

校長等管理職による工夫によって、失敗事例も成功事例に変わり得ることを強調するため、架空の事例を失敗例、成功例として対比して提示します。

失敗例　30歳代　男性　小学校教員

新学期が始まり3年生の学級担任になった。学級には落ち着きのない児童が複数名いた。丁寧な対応を心がけ、児童一人ひとりに対応した。夜遅くまで残り、保護者と連絡をとり合いながら取り組んだ。しかし、思うように成果は上がらず、他の落ち着いていない児童の不満は彼らの保護者に影響し、その保護者からのクレームも増えていた。学級で生じたことは自らの責任でなんとかしようと努めた。周囲にはあまり相談せず取り組むうちに、次第に倦怠感、入眠困難、出勤前の不安感を自覚するようになった。時々、遅刻も生じるようになった。

変化に気づいた校長に声をかけられた。意を決し、校長に学級の実情、自身の不調を伝えた。ところが、校長は話の途中から「学級担任たるもの、自分の学級に責任をもつべきだ」「私が現役の頃は児童の自宅へ赴いて、保護者と徹底的に話し合ったものだ」「まだまだできることはある」と自身の経験に基づいた教育論を展開した。「自分は教員に向いていないのかもしれない」という思いを深めるに至った。翌日から朝起きることができず、自ら精神科を受診し適応障害と診断され、休職のための診断書が発行された。

成功例　**30歳代　男性　小学校教員**

新学期が始まり3年生の学級担任になった。新年度の開始を前に、職員全体の会議に際して、校長から「新年度開始当初は新しい児童たちとの関係をつくる上で負担が生じやすい」「小学校は学級担任が責任を1人で背負いやすい」「忙しい中で困難な状況が生じるかもしれないと不安を感じたら早めに学年主任に相談してほしい」「学年主任は学年だけでなんとかしようとせず、教務主任、副校長、校長に報告してほしい」「学級担任だけで責任を負わず、学校全体で児童一人ひとりのことを考えていきたい」と伝えられた。学級には落ち着きのない児童が複数名いた。丁寧な対応を心がけ、児童一人ひとりに対応した。夜遅くまで残り、保護者と連絡をとり合いながら取り組んだ。しかし、思うように成果は上がらず、他の落ち着いている児童の不満は彼らの保護者に影響し、その保護者からのクレームの連絡が入った。学年主任に報告を上げたところ、校長から状況を聞かせてほしいと告げられた。

校長に学級の実情を説明したところ、校長から批判や指導はなく「早く報告してくれてよかった」「先生1人でなんとかするのではなく、教務主任、副校長も交えて対応について話し合いましょう」「保護者への対応に際しては1人で対応するのではなく、我々管理者が主に対応しましょう」「児童への対応に際しても我々が学級に入ること、まめに相談することで調整を図っていきましょう」「今後も気になることがあれば何でも相談してください」と伝えられた。不調になることなく、安心して保護者、児童への対応が重ねられ、学級運営は安定した。

❷援助希求行動をキーワードにして職場を見る

メンタルヘルス不調が生まれにくい職場をつくるには、歪んだ学校教育制度の改革、働き方改革の前進が急務です。しかしその実現を待つだけではなく、今から校長等管理職にもできることがあります。それは、教員の援助希求行動が生まれやすくなる職場をつくることです。つまり、「助けてほしい」と言いやすい職場、相談が生まれやすい職場をつくることです。そのために効果的なのは、前述の事例の校長が実践しているように、相談することの大切さを伝え、相談するという行動を承認し、校長等管理職が相談を引き受ける姿勢を示すことです。

メンタルヘルス不調が生じる過程の多くに共通しているのが、援助希求行動が生まれにくい状況です。それは周囲の人たちの状況、労働時間、職場の雰囲気など、不調になった人の周囲に理由があることもあれば、不調になった本人が様々な理由から援助希求行動をとるのが苦手であることが理由になること、またその2つが理由になることもあります。ですから、メンタルヘルス不調を減らす上で、援助希求行動という視点は、理解を深めるためのキーワードになると言えるでしょう。

教員たちが助けを求めやすい職場になっているかどうか、助けを求めるのが苦手な教員がいたとしたら、彼らが助けを求めるのが得意になるにはどのような関わりをすることが望ましいか、そうした視点で職場を折に触れて点検することは、教員のメンタルヘルスを良好にすることに寄与すると期待されます。

❸組織公平性（公正性）という視点をもつ

いくつかの企業では、職場の管理職を対象に組織公平性（公正性）をテーマにした研修（フェアマネジメント研修）をおこない、精神疾患による休職発生数の減少という具体的な成果を生みつつあるようです。こうした取り組みの報告によれば、職員の組織公平性がメンタルヘルス不調と労働意欲の双方に影響を与えていることが示されています。さらに、組織公平性を高める取り組みが、メンタルヘルス不調の増加や労働意欲の低下への対策として有効である可能性が指摘されています。

これまで示してきた通り、教員は感情労働であり、特殊な専門職です。また、学校は企業と異なる組織構造をもちます。教員と同じ感情労働で学校組織に類似の「鍋ぶた構造」になりやすい病院看護師を対象にした調査研究においても、組織公平性を高めるための管理職研修の効果が明らかにされています。こうした産業精神医学領域における知見は、教員のメンタルヘルスマネジメントにおいても活用されることが期待されます。

では、組織公平性を高めるためには、どのようにすればよいのでしょうか。組織公平性を高める取り組みとは、「職員が職場という組織の中で公平に扱われている認識を高めるための取り組み」と言えます。組織公平性は、分配公平（負担や成果が等しく分配されている）、手続き公平（仕事の配分等において説明努力が伝わっている）、情報公平（出張者や休暇者へも情報を伝えようとしている）、対人関係公平（人権が尊重され誠実で各人の特性に合ったコミュニケーションがとられている）、の4つに分けられるとされています。

具体的には、受け持つ学級、校務分掌や部活動指導などといった業務の調整に際して、管理職が意図するところを一人ひとりに丁寧に伝えることが、分配公平や手続き公平に相当します。出張等で不在中の出来事を伝えることは、情報公平に相当します。日頃から年齢、性別、経験年数、家庭の状況、性格傾向等といった各々の置かれた状況に配慮しながらねぎらいの声かけをすることは、分配公平や対人関係公平に相当するでしょう。極端かもしれませんが、管理職が日頃から職場で「公平さ、公正さは大切だと思う」と折りに触れて言うだけでも、組織公平性が高まるという意見もあります。

こうしたことは組織マネジメント上、当たり前のことかもしれません。意識せずとも実行している校長等管理職も多いのではないでしょうか。一方、現場の教員たちや校長等管理職と学校の様子について話していると、組織公平性を低く認識している教員もいるし、組織公平性への理解が低かったことを自認する管理職も少なくありません。
多忙な校長等管理職にとって、組織公平性を高める取り組みを日常的におこなうことだけでも負担に感じるかもしれません。教員、そして校長等管理職は人を束ねることに長けているはずです。校長だけでなく、教頭や教務主任、主幹教諭らとともに職場の組織公平性を高める意識をもつだけでも、組織マネジメントに関わる行動によい影響を与えることが期待できます。

3 不調に気づいたらどうするか

❶事例から学ぶ校長等管理職ができること

校長等管理職による工夫によって、失敗事例も成功事例に変わり得ることを強調するため、架空の事例を失敗例、成功例として対比して提示します。

失敗例　30歳代　女性　中学校教員

比較的小規模な中学校に勤務していた。地域特性もあり、落ち着きのない生徒も少なくなかった。しかし学年団、校務分掌、教科ごとの集まりなどを通して、話し合いながら複数の教員で取り組む風土があった。3年生の担任も経験し、自信を深めて異動した。異動先は規模の大きな学校だった。前任校と同様に落ち着きのない生徒は少数だがいた。話し合いの場は設けられているものの形式的なもので、それぞれの仕事に早く戻りたいという雰囲気で満ちていた。学級で生じた困り事も、学年団の中で相談しづらい状況が続いた。

校長に相談すると、一通り話を聞いてもらうことはできたが、「まずはよく学年で相談しましょう」「異動したばかりでまだ相談しにくいかもしれませんが、早く打ち解けて」と言われるのみだった。状況は変わらず経過する中で、倦怠感、熟眠感の不足が持続した。2学期冒頭から体調不良を理由に休むことが増えた。精神科診療所を受診したところ適応障害と診断され、休職のための診断書が発行された。

成功例　30歳代　女性　中学校教員

比較的小規模な中学校に勤務していた。地域特性もあり、落ち着きのない生徒も少なくなかった。しかし学年団、校務分掌、教科ごとの集まりなどを通して、話し合いながら複数の教員で取り組む風土があった。3年生の担任も経験し、自信を深めて異動した。異動先は規模の大きな学校だった。前任校と同様に落ち着きのない生徒は少数だがいた。話し合いの場は設けられているものの形式的なもので、それぞれの仕事に早く戻りたいという雰囲気で満ちていた。学級で生じた困り事も、学年団の中で相談しづらい状況が続いた。

次第に倦怠感、熟眠感の不足が持続するようになった。2学期初日、体調不良を理由に病欠した。病欠がメンタルヘルス不調による可能性があると判断した校長から電話連絡があった。「異動後間もない中で相談しづらい状況があり苦労しやすいのではないか」と校長から言われたことで、1学期以降、困難になっていた状況を校長に打ち明けることができた。校長から苦労をねぎらわれるとともに、保健師と相談する機会を設けることが提案された。保健師と面談する中で、校内に生じている多忙感、相談が生まれにくい雰囲気、異動後のハイリスク期間等の不調に至る要因が整理され、校長と共有された。校長は副校長、教務主任とともに校内全体の業務の見直し、異動後間もない複数の教員に対して支援が生まれやすい雰囲気づくりについて話し合った。保健師との面談を重ねつつ、個別の支援、学校全体の雰囲気が変化するとともに、諸症状は消失した。

❷メンタルヘルス不調に気づくための方法

これまで繰り返し述べてきましたが、大切なのは早めに気づき、早めに対応することです。では、早めに気づくために必要なことは何でしょうか。不調に気づくには、教員各人の通常の状態を知っている必要があります。とはいえ、そのために毎日のように声をかける必要はありません。そもそも多忙な校長等管理職にとって、そうした方法は現実的ではありません。重要なのは、胸襟を開き「いつでも何でも言ってくれて構わない」という姿勢を示し、それとなく教員各人の様子を把握しやすくしておくことです。言い換えると、不調のサインを探しまわるのではなく、不調のサインを「受信」しやすくしておくということです。

異動後にメンタルヘルス不調に至った事例の相談では、「異動してきたばかりでどんな先生かわからなかった、力のある先生だとは聞いていたけれど」といった懺悔を、校長等管理職から聞くことは多いです。そうした気持ちもわからなくはないのですが、異動前後に「気がつくことがあれば早めに言ってほしい」という言葉を伝えること、在職歴が長く本人と顔見知りのベテラン教員から情報を入手すること、前任校管理職から丁寧な申し送りを求めること、申し送りの漏れが生じないよう教育委員会所属の保健師らと定期的に情報共有すること、副校長、教務主任、主幹教諭らとともに、異動後の教員の様子について折に触れて共有することなど、工夫できるところもあります。実際、そうした配慮によって異動後の不調を未然に防いでいる校長等管理職の知恵を耳にすることがあります。こうした不調に早めに気づく術を共有し、メンタルヘルスに関する意識の高い校長等管理職が増えていくことが望まれます。

❸教員の変化に気づいた際に求められること

不調かもしれないと気づいたからといって、腫れ物に触れるような配慮は逆効果です。そうした対応は、かえって疎外感や自責感を強めます。変化に気づいた際に求められるのは、相手に関心をもって、困難感を想像し傾聴する姿勢で接することを積み重ねることです。その過程が共感とねぎらいの雰囲気を醸成し、その後の関係を良好にします。校長等管理職と不調になりかけた教員の関係性が良好になることは、回復を後押しする力になります。

不調な教員の困り事に耳を傾けていると、「そんな時にはこうしてみてはどうでしょうか」と解決策を提示したくなるものです。ところが、その場で解決策を見出そうとする姿勢は得策とは言えません。そうした姿勢は、ともすれば悩みを深めている人にとって、悩んでいることを否定されていると認識させかねません。解決策を見出さずとも、校長等管理職と部下との間に共感し合う関係性が生まれるだけで、状況が好転することもあります。必要なのは解決策を伝えるのではなく、「相談してくれてよかった」と、相談し打ち明けてくれたことを承認し、肯定的に評価し、相手の教員が職場において重要であるという存在価値を率直に伝え、だからこそ支援をしていきたいという言葉を伝えることです。

そして、本人に必要性を伝え了承を得た上で、教育委員会所属の保健師など学校外の専門職と相談しながら支援していくことを伝えることができるとよいでしょう。外部への相談は支援の方針を明確にし、その質を高めるとともに、校長等管理職自身の負荷を軽減してくれます。

4 休職が必要かの判断

❶休職がもたらす影響を知る

教員がメンタルヘルス不調になった時、回復を援助するために休職の判断を下すことがあります。休職は職業上の負荷を軽減するという意味で、回復を促進する要因になり得ます。本人が休職をためらっても、主治医の診断に基づき周囲から丁寧に説明が重ねられ職場を離れて治療に専念した結果、回復し復職後も安定している教員は多くいます。

一方、休職は「ドロップアウトした」といった負の印象を本人に与えることもあります。こうしたことが自己肯定感のさらなる低下に関与し、回復のプロセスにおいて復職への不安感や恐怖心を強めることがあります。その結果、復職を考えようとすると不調になることを繰り返し、休職が長期化してしまう教員もいます。

このように、よかれと思って判断された休職が回復を阻害する要因になることもあります。特に、主たる要因が職場内要因で、いわゆる職場不適応のような状況があった場合には、休職により不調な状態が長引いてしまい、なかなか回復せず復職が困難になることも少なくありません。さらに、休職に至るプロセスによっては、「休職させられた」といった受け止め方を生み、被害的な感情を植え付けることになることもあります。

休職という判断は様々な影響をもたらす可能性があることを理解し、メンタルヘルス不調だからといって安易に休職を勧めることは控えた方がよいでしょう。薬に有効性と副作用があるのと同様に、休職という判断も使い方によっては諸刃の剣になります。校長等管理職であればこそ、職場のマネジメントや児童・生徒、保護者への影響を重視し、「不調なら職場を離れて治療に専念し、元気になってから復帰してほしい」と思うこともあるのではないでしょうか。とはいえ、支援の原則は「軽症のうちに早期に気づき、早期に支援し、業務を継続しながら回復を目指す」です。メンタルヘルス不調になった教員を支援する上では、早いうちに環境調整を含む支援を実践し、業務を継続しながら回復を目指すことが求められます。

休職に至った事例の話を聞いていると、「早く気づいていたのに適切な支援がおこなわれないままだったのではないか」と感じることが少なくありません。決して校長等管理職を責めるわけではありませんが、休職を考えたくなった時には「なぜ早期に気づけなかったか、支援できなかったか」ということを振り返ることは大切です。そのことが次の支援の質を高めてくれるに違いありません。

❷休職を考える時に求められる姿勢

安易に判断すべきではありませんが、休職を判断せざるを得ないこともあります。判断のための基準は、「業務の継続が病状を悪化させる」「病状のために業務に著しい支障が生じる」の2つです。この判断は意外に難しいものです。

休職は治療的な介入に相当します。したがって、その判断は通常、主治医がおこないます。主治医は、症状は理解していても教員の業務や学校現場をよく理解していないことが多いため、判断にズレが生じることがあります。一方で、校長等管理職は、教員の業務や学校現場は理解しやすいのですが病状や治療内容は理解しにくいため、判断にズレが生じることがあります。メンタルヘルス不調になっている本人は、病状のために判断力が低下しています。つまり、休職の判断に関わる人々のことを考えると、その判断基準の根拠は揺らぎやすいと言えるでしょう。

難しい判断をする時に必要なのは、合議による検討です。これまでも述べていることですが、休職を考える際にも、校長等管理職だけで判断するのではなく、教育委員会の保健師や嘱託精神科医、主治医らと合議の上で判断することが求められるでしょう。

❸休職中に支援が必要な理由

メンタルヘルス不調のために休職に入ることになった教員は、休職中の経済状況に対する不安を抱いていることが多いようです。一方で、「休んで迷惑をかけているのに、給与や補償のことについて尋ねることは厚かましい」と、過度に遠慮していることも少なくありません。基本的なことかもしれませんが、休職に入る際には、休職および復職に関わる制度について説明することが、無用な不安を軽減し、回復を促進する上で必要になります。メンタルヘルス不調のために休職に入る教員の多くは、休職に入る前から、休職した状況を想定して復職に向けたプロセスへの不安を抱いていることが多いものです。不調になると不安感が強まり悲観的な思考に苛まれ、取り越し苦労をしやすくなります。この傾向は休職に入ってからも続きやすく、回復の過程で変動しながら軽減してきても、復職を考え始めると再び強まることが少なくありません。

また、休職中の教員は、病状よりも業務サイクルを優先して復職時期を判断してしまいやすいようです。病状が不安定なことを否認し、学期の開始に合わせて復職しようとしてしまうことすら見受けられます。この判断に陥ると、不調な中で負荷が増大し、回復過程の腰を折ることになります。回復してきた自己肯定感はさらに傷つき、復職に対する恐怖心が強化されてしまうこともあります。

適切な復職を目指すためには、仕事抜きに十分に回復した状況で、復職のためのリハビリテーションをおこなう必要があります。そのタイミングをはかるためには、校長等管理職も本人の状態を把握しておく必要があります。したがって、休職期間中も本人と連絡をとることが求められます。休職期間中の連絡が復職への焦りを強めるという意見もありますが、本人の状態把握なくしては、適切な復職とその後の安定した勤務につながりません。連絡が無用なプレッシャーにならないようにするためにも、休職に入る際に、連絡をとることをその目的とともにあらかじめ伝えておくとよいでしょう。また、病状が悪く負担を感じるようなら管理職以外に保健師から連絡をとることや、家族が代わりに連絡を受けること、電話ではなくメールを用いてもよいことなど、柔軟な対応が可能であることも伝えておくとよいでしょう。

連絡の頻度はそれほど頻繁である必要はありません。1~2か月に一度程度が妥当でしょう。これはあくまでも目安であり、事務手続きなどのために必要性が生じれば、それに応じて連絡をとってよいでしょう。連絡の時間帯は、校長等管理職、本人・家族の連絡のしやすさ、受けやすさを話し合って決めることが望ましいです。

連絡をとる際の声かけは、これまで述べてきた基本的な支援の姿勢を理解し、傾聴と共感、ねぎらいを心がけていただければよいでしょう。メンタルヘルス不調だからといってことさら構えることはありません。「調子はどうですか?」などのように声かけをしながら、確認すべき事項をそれとなく確認し、苦痛や不安を傾聴しねぎらうことができればよいでしょう。連絡の際に確認すべき事項は、ゴールである復職の条件を考えれば見出せます。安定した復職のためには、規則的な睡眠—覚醒リズムと食事摂取、日中の活動量の回復と疲労感の軽減、好きなことへの関心、意欲、集中力の回復が最低条件になります。本人が復職を焦っていても、これらが回復していなければ復職を検討することは時期尚早です。本人と話をする中でこれらの事項を確認し、改善点があれば回復のサインとして指摘しねぎらえるとよいでしょう。

こうした連絡の頻度、時間帯、声かけの内容や確認すべき事項については、ケースバイケースというところもあります。早いうちから保健師、嘱託精神科医、主治医と相談し、確認しておくとよいでしょう。

❹休職中に求められる支援の姿勢

休職に至った教員は、前述の通り休職中の生活や復職への不安を抱きがちです。また、「職場に迷惑をかけている」と自責感を強めていることもあれば、職場への他責的感情を秘めていることもあります。回復過程であっても、休職したこと、職務を離れざるを得なかったことによる自己肯定感の傷つきがぬぐい去られているとは限りません。こうした心情を理解することが、適切な支援姿勢を生み出します。

休職は復職のための準備期間です。良好な復職を目指すためには丁寧な準備が必要です。その鍵は、「休職中の教員の回復水準をいかに適切に評価できるか」にあります。そのためには、休職中の教員と良好な関係性を保ち、情報を把握しやすい状況にすることが重要です。したがって、校長等管理職と教員の関係性が良好になる支援姿勢を意識する必要があります。休職中の教員の状況を把握し、復職に向けた準備を丁寧に進めるためには、休職に入る際にあらためて本人、主治医、教育委員会所属の保健師や嘱託精神科医との連携を意識することも重要です。本人の理解を得た上で連携し、復職に向けて現在どの過程にあるのか、次のステップに進むための条件は何か、それが達成されていることを見極めるためにはどうしたらよいかを、関わる人々が共有し、共通の目標を意識して支援する必要があります。

筆者が関わっている自治体では、復職支援のためにこれらの情報を共有するためのツールを作成し、運用しています。具体的には、休職期間を4つのフェーズに分け、各フェーズにおける本人の目標を示すとともに、管理職に求められる支援の視点を明記したA4用紙1枚のシートです。面談の際にこれを用いることは、本人、管理職、主治医、保健師、嘱託精神科医の回復・支援目標を統一し、同じ視点で復職を目指すことを助けてくれるように思います。

❺復職後も支援が必要な理由

復職後の教員の支援を考えるには、復職後の教員を取り巻く状況と彼らが抱きやすい心性を理解する必要があります。復職後間もない段階では、負荷が軽減されていることが多いです。担任ではなく副担任として復職したり、部活動指導が免除されたり、負荷の軽い校務分掌があてがわれるなどの措置がとられることが多いのではないでしょうか。そして、軽減された業務をこなしつつ月に何度か後ろ髪を引かれる思いで多忙な職場を後にし、通院治療を繰り返すことになります。

復職しても本人は、「安定して仕事ができるだろうか」「また不調にならないだろうか」といった不安を感じていることが多いものです。安定した回復を目指すためには、段階的な復職が求められます。復職直後に負荷を軽減することは、必要な支援と言えます。

こうした状況の中で、本人は負荷の軽減を受けることに安心しつつも、一人前になりきれないことへの申し訳なさを感じていることが少なくありません。漫然と負荷軽減を続けることは、本人のそうした自責感を強めることがあります。一方で、負荷軽減を甘受し続けてしまうこともあります。こうしたことを防ぐためには、本人の様子を観察しながら業務上の負荷を段階的に調整する必要があります。

復職後しばらくしてからも、再発のリスクや休職によって生じた自己肯定感の低下は消えたわけではありません。そうした特性や本人の心性を考えると、復職後も適切な支援をおこなう必要があります。それは再休職を防ぎ、安定した回復に寄与するように思われます。

❻復職後に求められる支援の姿勢

復職後間もない段階では、業務遂行への自信の不足、負荷軽減への後ろめたさ、再発への不安といった本人の心性を理解した上での支援が求められます。具体的には、「復帰してくれて助かる」「無理する時ではないから、何かあれば遠慮なく言ってほしい」などといった感謝やねぎらいの声かけが求められるでしょう。特に、復職後間もない段階では、校長等管理職が月1回程度面談できる状況をつくり、睡眠や食欲、休日の様子や通院状況を確認しつつねぎらうことが、回復の後ろ盾になると期待されます。

復職後しばらくして安定してからは、負荷軽減措置を徐々に外していく必要があります。心配するあまり漫然と負荷軽減し続けることは、回復を阻害しかねません。職場組織における公平性を低下させることにもなります。だからといって叱咤すればいいわけでもありません。この点は、本人の病状と職場の状況によって柔軟な対応が求められますし、負荷軽減を解除することが本人にとって納得できるものにする必要があります。校長等管理職は1人で悩むことなく、本人、主治医、教育委員会所属の保健師、嘱託精神科医らと話し合う機会を設けながら、合議で判断を下すことが求められます。

復職後しばらくして負荷軽減措置が解除され、一人前に仕事をこなしていても、再発への不安や自己肯定感の低下が長引いていることは少なくありません。そうした中で留意すべき点は、異動です。異動後2年以内は、精神疾患による休職のハイリスク期間です。異動は職場における対人関係の変化、通勤環境の変化、異なる経営方針など、様々なストレス要因を生み出します。メンタルヘルス不調の経験のある教員が異動する際には、異動先でも適切な支援が継続され、再発が予防されることが求められます。そのためには、本人に対して「異動先でも適切に配慮され、安心して仕事ができるようにしたい」といった説明をしながら、本人の了承を得た上で、これまでの経緯、復職後にどのような支援をおこなっているかなどを、異動先の管理職に申し送ることができるとよいでしょう。

5 メンタルヘルス支援のコツ

❶診断書を前にしてしたいこと

校長等管理職にとって、精神疾患の病名が記載された診断書を見ても、どう関わったらいいのかと戸惑うのが正直なところではないでしょうか。校長等管理職も教員も互いに多忙なため、話す時間をつくることもままならないのが現実です。「なんとかしたい」と思いつつも、中途半端な意思疎通に終始してしまい、相互に誤解が生じてしまうこともありそうです。結果的に適切な支援につながらないばかりか、双方の心にしこりを残すこともあるようです。

ここでは、不調になって精神科を受診した教員が診断書を持参してきた際に校長等管理職はどのように対応すればよいかについて、少し整理したいと思います。

①診断書を持参してきた教員の心情を想像する

「どの程度任せたらよいのだろうか」「どのように声かけすべきか」「励ましたら調子を崩さないだろうか」と、教員が診断書を提出してきた時に校長等管理職が抱く気持ちとはこのようなものではないでしょうか。教員の回復を願いつつも、再び不調になったらどうしようかとあれこれ考え、自らの運の悪さを嘆き、教育委員会の人事担当者に恨めしい気持ちを抱くこともあるかもしれません。そうした気持ちを抱きながら困惑したままでいると、支援したいという思いとは裏腹に、期待と異なる方向へ事態が向かってしまいそうです。

教員は、復職後であっても回復途上です。元気そうに見えても、不調を経験した教員の自己肯定感は少なからず低下しています。「教員に向いていないのかもしれない」「教員に向いていないと思われている」といった思いを抱いていることが多いようです。こうした心情を理解しないまま、管理職自身もどう関わっていいのか不安を抱きながら、腫れ物に触れるかのような支援になってしまうと、教員自身は管理職との間に距離の遠さを感じやすくなってしまいます。次第に職場における孤立感が強まり、自己肯定感はさらに低下しやすくなります。その結果、自分は職場で必要とされていないという認識を強め、不調を再発してしまう教員に出会うこともあります。

自己肯定感の低下している人は、周囲の人々の態度や発言を否定的に受け止めやすくなるものです。まずはこうした心情とそれにともなう苦痛を想像し、関心をもって接する姿勢が求められます。その上で、ねぎらいの言葉がけをしながら、さりげなく業務の様子、体調、睡眠や食欲といった基本的な状況を尋ね、苦痛を吐露するようなら焦って解決策を出そうとせず、本人の思いに耳を傾ける姿勢が求められます。授業の様子を観察するなど何らかの配慮をする際には、理由を伝えておくことも重要です。よかれと思い授業の様子を観察しに行ったことを、「能力が低いと思われているから授業の様子を見にくる」と受け止められ、不調が再発した事例に出会ったことがあります。理由を伝えないままの支援は、時として副作用をもたらすことがあるので、本人のためを思い何かしようとする際は、事前に伝えるようにしましょう。

②医療機関と連携する

不調になっている教員の心情を理解し支援の姿勢を示そうとしても、なかなか本人の状態を把握できず、業務上の配慮に悩むことも少なくないと思われます。不調な教員といっても、個人差はありますし回復水準も一見しただけではわかりにくいはずです。

校長等管理職は、1人で悩まずに医療機関や家族と相談し、状態を把握しながら業務上の配慮等をおこなうことが求められます。必要に応じて診察に同行することも有効です。多忙でそれが難しい場合には、教育委員会所属の保健師や嘱託精神科医らと連携することも効果的です。ただし、療養に関わる情報は極めて個人的な性質を帯びています。医療機関との情報共有に際しては、本人の同意を得ておく必要があります。単に事務的に同意を得ようとすると、「辞めさせられる」「休職を迫られる」といった不安や恐怖心を不必要に煽りかねません。業務命令のような伝え方ではなく、「仕事でどんな点に配慮すべきか主治医の先生に教えてもらった方が、先生も仕事をしやすいと思うので」などのように、「本人のメリットを得るために」という姿勢で理由を伝える一工夫があった方がよいでしょう。また、診察時間には限りがあるため、事前に医療機関側に診察同行の了承を得ておくと円滑に進みやすいように思われます。

こうした専門職との連携は、ただでさえ多忙な校長等管理職の負担をさらに重くするように思えるかもしれません。しかしながら、校長等管理職が孤独に不安を抱きながら支援するのではなく合議で支援の方針を検討することは、結果的に管理職の負担を軽くしてくれるはずです。

❷職場への支援の視点

教員が不調になった時、校長等管理職を悩ませるのは本人への支援だけではありません。本人の業務負荷を軽減する代わりに、その業務を他の教員へ割り振る必要性が生じます。ただでさえ多忙な教員たちに、さらに業務を割り振る時、管理職の多くは心を痛めるに違いありません。不調な教員が休職、復職する際に、他の教員にどのように説明するのが望ましいのか、管理職から相談を受ける機会も多いです。

教員のメンタルヘルス不調を考える時、その支援は不調になった教員を中心に語られやすく、他の教員への支援、職場への支援は見過ごされやすいようです。ところが、実は職場への支援は、不調になった教員の回復のためにもとても重要になります。

①職場への支援が必要な理由

忙しい学校現場では、1人の教員が担う業務は多岐にわたります。たった1人でも不調になると、他の教員に多くの業務を割り振らざるを得ず、職場の多忙感は高まります。多忙感の増した職場では、教員間のコミュニケーションの質と量が低下しやすくなり、教員たちは殺伐とした雰囲気の中に身を置くことになります。残された教員たちの苦労を考えると職場への支援は重要です。

それ以上に重要なのは、職場への支援が、不調になった教員の回復に寄与するという点です。教員の不調には、教員間の対人関係上の課題が関与していることが少なくありません。こうした場合、他の教員が本人の状況を理解し、対人関係が修復されることが、回復のために重要になります。また、不調を経験し自己肯定感の低下した教員は、他の教員に対して罪悪感を抱いていることが少なくありません。そうした教員にとって、職場における良好な対人関係は回復を促進すると期待できます。

教員が不調になることによって生じやすい職場の多忙感を減らすという理由だけでなく、不調になった教員の回復のためにも、職場全体への支援が必要になると言えます。

②職場への支援の方法

教員がメンタルヘルス不調になった時、校長等管理職は他の教員に対して「体調不良」と曖昧な説明をすることがあります。ここに決して悪意はないでしょう。むしろ、こうした時に校長等管理職は、精神疾患への無用な偏見が本人に向かわないよう配慮したからこそ、このような説明をするのだと思われます。ところが、結果的に他の教員への業務の配分理由も曖昧で不正確な説明になると、職場の公平感は低下しやすくなります。

基本的には、本人の同意を得た上で、診断と求められる配慮、業務の配分とその理由に関して、あまり隠さずに説明する方が望ましいように思われます。本人に同意を得る際には、「病気のことを知られるのは快いものではないかもしれません。でも同僚たちは、先生の病気のことを知ることによって、先生の仕事を快く引き受けてくれることになるだろうし、先生が回復するためにも同僚たちが知っていてくれた方がよいのではないでしょうか」などのような説明をするとよいでしょう。

他の教員に説明する際には、本人の病状や業務負荷を軽減する必要性を説明するとともに、教員という職務の多忙さ、感情労働であるということなど、教員のメンタルヘルスの特徴についても簡単に触れながら説明するとよいでしょう。精神疾患は誰しも罹患し得ること、支援し合うことの必要性を説明することは、職場に対してねぎらいのメッセージになるはずです。そして、職場が教員のメンタルヘルスへの理解を深めることは、職場の風通しのよさを高める効果を期待できます。

また、管理職自身が、日頃の職場マネジメントやメンタルヘルス不調への対応において反省点や困難さを感じている場合には、職場に対して率直に打ち明けてよいと思われます。管理職の思いを教員たちが理解することは、職場全体の意識をまとめ、管理職自身のメンタルヘルスにも良好な影響をもたらすことが期待できます。

❸教育委員会との連携

①教育委員会との連携が必要な理由

校長等管理職が教員の不調に気づいた時にまず必要になるのは、軽症のうちに状態を評価し、支援の方針を見極めることです。それとともに、必要に応じて本人および職場の業務上の負担を調整するために人員を確保するなど、人事上の配慮をすることも重要になります。状態を評価し、支援の方針を見極めるためには、校長等管理職が1人で判断するよりも、教育委員会所属の保健師や嘱託精神科医と早めに相談し、協議の上で判断した方が、結果的によい判断になりやすいように思われます。さらに、人事上の配慮をするためには、教育委員会と早い段階で相談することが望ましいでしょう。それが本人の回復と職場の負荷軽減につながるはずです。こうした意味で、教員のメンタルヘルス不調を支援する際には、教育委員会との連携が重要になると言えます。

一方、教員のメンタルヘルス不調を考える時に無視できないのが、不調になった教員の適性に関する議論です。確かに、不調から回復したとしても教員としての適性に困難さを感じざるを得ない事例に出会うこともあります。ただし、不調になった教員の適性に関する議論においては、「不調になっている時に適性を評価するのは難しい」ということに配慮する必要があります。メンタルヘルスが不調な時、人は本来の能力を発揮しにくくなります。適性の議論は、回復している時の状態から判断する必要があります。

また、「支援者はメンタルヘルス不調になっている相手に対して否定的な感情を抱くことがある」という点にも注意する必要があります。私たちの中には誰にでもメンタルヘルス不調や精神疾患へのスティグマ（決めつけ）があります。「心が弱いからだ」「この仕事に向いていない」「単に逃げているだけに違いない」といった偏った認識は、いまだにあらゆる人の心の中にあるような気がしています。こうした支援対象に対する嫌悪感や忌避感情は、経験を積んだ精神保健専門職でも抱くことがあります。大切なのは、不調になった教員を前にこうした感情を抱くことがあることを自覚し、客観的な視野に立ち適切な判断と行動を実践することです。

困難な判断をする際には1人でおこなわず、合議でおこなうことが望ましいものです。また、採用側の教育委員会には、適性を判断した一定の責任があります。適性に疑問を感じた場合には教育委員会にフィードバックされることが、採用の質を高めることにつながるはずです。こうした意味でも管理職は1人で悩まずに、早期に教育委員会と連携を図ることが求められます。

②教育委員会との連携の方法

具体的な方法以前に、人事上の配慮や適性に関する検討をするにしても、教育委員会と連携する目的は不調になった教員の支援であることを意識する姿勢が求められます。とかくこうしたことに際しては、本人が置き去りにされやすいようです。また、教育委員会に相談することを本人が恐れるのではないかと考え、本人に伏せて調整してしまうことがあります。こうした対応は、かえって管理職と本人の信頼関係にひびを入れることになりやすいようです。まず、本人に対し「あなたの回復のためには治療だけではなく、業務環境の調整も必要になる。そのためには教育委員会の人事部門と相談する必要がある」のように、あくまでも本人の回復のために必要であるというメッセージを送ることが望ましいと言えるでしょう。

時に、「それは学校の中で調整してください」といった教育委員会からのつれない言葉を、相談に訪れた校長等管理職から聞くことがありますが、そうした教育委員会の姿勢には疑問を抱かざるを得ません。確かに、教育委員会側にとっても様々な規定のもとでは柔軟な人事上の配慮が困難なことも多いものです。しかしながら、具体的な人事上の配慮が困難だったとしても、教育委員会側は管理職の悩みや迷いを受け止め、解決策をともに検討する姿勢をもつことが求められるはずです。もはや学校のメンタルヘルス課題は、学校だけで解決できるものではありません。教育委員会にも学校と連携し、メンタルヘルス不調になった教員の回復を支援する姿勢が求められます。

❹保護者への対応

①保護者への対応が求められる理由

今日の学校を取り巻く環境では、保護者との協働や友好的な関係を築くことが求められやすいようです。核家族化、少子化、個人主義といった社会の変化は、専門職への依存、親の子に対する期待を高め、かつてあった聖職性を教員から奪い去っています。教員には、保護者から広汎かつ高水準の教育を常に求められやすい社会になっていると言えるのではないでしょうか。

メンタルヘルス不調は、教員のパフォーマンスに影を落とします。不調になった教員の変容は、児童・生徒を通じて保護者の耳に入りやすい時代です。そうした時、ねぎらいの気持ちを抱く保護者がいる一方で、精神疾患への偏見やわが子への愛情が「担任交代」「退職」「休職」といったシュプレヒコールを生むこともあります。そうしたシュプレヒコールは、不調になった教員にとっての心的外傷（トラウマ）体験となり、回復を遅延する要因になることがあります。

教員がメンタルヘルス不調になった時、保護者への対応は学校経営上の重要課題となるばかりではなく、その成否は不調になった教員の回復にも影響する重要な要因になると言えます。

②保護者への対応方法

「保護者への対応方法」というと、「保護者が納得するために」との議論に陥りやすいようです。実際、取り組みの中で校長等管理職から話を聞く限り、保護者を納得させようという意図が優先しているように感じることがあります。メンタルヘルス不調の教員を支援する目標は、教員本人の回復と、児童・生徒への影響の最小化にあり、保護者への対応においても本来の目標をまずは意識したいものです。

保護者への対応に際して配慮すべき事項は、対応するか否か、対応の範囲（個別対応にするか保護者会などで全体に対応するか）、対応のタイミング、説明内容など多岐にわたります。保護者の雰囲気を考慮しつつ、配慮事項の判断によって生じ得るメリットとデメリットを検討する必要があります。

さらに、教員のメンタルヘルス不調は本人にとって個人情報である一方で、学校への要求水準が高い保護者にとって重要な情報であるという、相反する色彩を帯びているということも考慮する必要があります。例えば、保護者が担任に対して比較的擁護的な雰囲気をもっていれば、精神疾患のために不調に陥っているということを保護者に伝えても、むしろ擁護的な雰囲気が強まり、回復の後押しになることもあります。一方、保護者の中に担任への猜疑心が漂っている場合には、率直な説明が本人の回復を妨げる結果になりかねません。こうした多様な要因が関与する以上、保護者への対応にマニュアル化された回答はありません。これまで述べてきた通り、校長は1人で抱え込まず、指導主事、保健師、嘱託精神科医らと相談しながら合議で判断することが望ましいと言えるでしょう。そして、こうした状況の中でもよい判断を生むためには、教員の不調に気づいた時点の早い段階で相談することが望まれます。

また、保護者に対応する際には、不調になった教員本人への適切な説明も必要になります。本人に配慮し、精神疾患であることを伏せて説明した結果、保護者の納得が得られて本人に擁護的な態度をとったとしても、本人との意見交換が不十分な結果「保護者の納得のため」という意図が強く伝わってしまうと、校長等管理職による保護者への説明自体が、「罰せられた」という被害的感情を本人に抱かせてしまうことがあります。したがって、保護者への対応を検討する際には、「先生の病状が生徒に影響を及ぼしている以上、保護者にもある程度説明する必要があると思います。とはいえ、先生の回復が何より大切です。そのことが生徒の元気や保護者の安心につながります。ですから先生がつらい気持ちにならないように、保護者への説明内容や説明の手段を一緒に考えたいと思っています」のように、回復を重視しているというメッセージを繰り返し丁寧に本人に伝えることが求められます。

第5章

教育委員会が実践したいメンタルヘルス支援

1 教育委員会が教員のメンタルヘルス支援を実践したい理由

教育委員会が教員のメンタルヘルス支援を実践した方がよい理由は明確です。健康管理、人事上の責務があるからです。とはいえ、教育委員会の指導主事たちも多忙です。そもそもメンタルヘルスはわかりにくいでしょうし、保健師がいない自治体もあります。地域性から、自治体の全校を把握することなど到底できないところもあるでしょう。保健師がいたとしても、保健師も万能ではありません。保健師の育成プロセスも現場と経験、保健師の自主性頼りのところがあります。精神保健に関与した経験のないまま教育委員会へ配属されたとしたら、いきなり教員のメンタルヘルス支援を求められても正直困るというのが、保健師の本音のようにも思われます。

教育委員会は、教員の人事を預かる以上、教員のメンタルヘルスを無視することはできません。不調者が増えることは、自治体の支出を増やすことになりますし、児童・生徒に提供する教育の質にマイナスの影響をもたらしかねません。

教育委員会を預かる人たちに苦労は多くあっても、メンタルヘルスの視点をもち、自治体全体を視野に、各校の教員の不調が最小化されるよう取り組む姿勢が求められると言えます。

2 全校・全教員を視野に入れて目標値を設定し、計画する

メンタルヘルス支援に限りませんが、支援は実践されつつその質が向上していくことが求められます。個別事例への支援は、事例ごとに不調の背景要因を紐解き、教員と学校に対する支援をおこないながら、諸症状の改善、休職の抑止や安定した復職、再休職の抑止といった目標が達成されているかどうかをモニタリングします。ですから個別事例への支援は、支援の質を評価しやすいと言えます。

教育委員会が実践したいのは、個別事例への支援だけではありません。一次予防、二次予防、三次予防が効果的に機能するためには、研修等の機会を通じた教員、校長等管理職への啓発、保健師等の連携実務者による調整、復職を支援するプログラムの整備など、様々な取り組みが求められます。これらを実現するためには、目標値を定め、定期的に評価することが重要です。そして一次予防、二次予防、三次予防のために、誰がどのように取り組みを進めていくかを整理し、文書に取りまとめ、目標値の推移をモニタリングしながら取り組みを定期的に見直すことが重要です。

そのためには目標値の報告、取り組みの策定と見直しをする協議の場があるとよいでしょう。筆者が関与している自治体では、作業部会、研究部会の二層構造を採用してい

ます。作業部会は保健師、嘱託精神科医、嘱託公認心理師で構成され、月1回開催されています。作業部会では個別事例の検討、取り組みの具体的な進捗報告と検討、目標値のモニタリングがおこなわれています。一方、研究部会は小中学校校長の代表、養護教諭代表、保健師、教育委員会事務担当者、教育委員会人事担当の指導主事、嘱託精神科医、嘱託公認心理師で構成され、年に2回開催されています。研究部会では目標値の報告、課題の共有、課題解決のための取り組みの見直しが議論されています。

こうした目標値を見定めながらの取り組みを進めるためには、各自治体で医師会、大学病院精神科や自治体系の総合病院精神科、精神科病院との相談が必要です。自治体によってこうした医療機関、医療関係団体の状況は様々です。各自治体における精神科医療のキーパーソンを見つけて、積極的に意見交換をすることができるとよいでしょう。

目標値という点で、ストレスチェックの指標は有効活用できるかもしれません。2019年3月に文部科学事務次官名で発出された「学校における働き方改革に関する取組の徹底について（通知）」では、学校規模にかかわらず全校でストレスチェックを実施することが求められています。ストレスチェックに際して、個人情報は厳密に保護される必要があります。それを踏まえた上で、個人の結果を一定規模のまとまりの集団ごとに集計・分析する集団分析は、職場環境の改善に役立つとされており、厚生労働省によれば事業場の努力義務として規定されています。ただし、集団規模が10人未満の場合には個人が特定される恐れがあるため、10人以上の集計が対象となる点に注意が必要です。また、単に結果を校長等管理職へフィードバックするだけでは、結果によっては校長等管理職に心理的な負担を与えかねません。ストレスチェックの結果だけではなく、結果の解釈の仕方、学校運営上求められる事項について丁寧に伝えることが必要になります。ストレスチェック制度は2014年に義務化され、まだ日の浅い制度です。その意義については、有識者から様々な意見があることも事実です。民間企業等での活用から学び、学校でも有効に活用されていくことが期待されます。

3 保健師を配置する

教員のメンタルヘルス支援において保健師の存在は最も重要です。保健師は支援の際に直接的な支援者になり、不調になった教員、家族、校長等管理職、教育委員会指導主事、嘱託精神科医、主治医をつなぐハブになります。教員のメンタルヘルス支援で重要なのは、不調になった教員への直接的な支援とともに、関係者をつなぎ、調整するハブの存在です。保健師の確保には難しさもありますが、教員のメンタルヘルス支援に頭を悩ませているようでしたら、保健師の配置を前向きに検討するとよいでしょう。

とはいえ、前述の通り保健師も万能ではありません。精神保健に疎い保健師も存在しますし、苦手意識をもっていることもあります。そのような場合には、嘱託精神科医の面談に同席してもらい、精神保健の支援スキルを高める機会を提供することが効果的です。

4 採用の質、採用後の育成について検討する

採用時に教員としての能力、人柄、性格を見抜くことには限界があります。ですから、採用後に不調になる人が多くいたからといって、採用者の責任を追及するのはお門違いです。ただ、時折、採用に慎重になる必要があったのではないかと思われる事例に遭遇することがあります。例えば、臨時任用期間中に明らかな課題を繰り返しているのに正規採用され、関係者間で何ら情報共有されていないことがあります。健康上の理由で採用の門が閉ざされることは適切とは言えませんが、正規採用するのであれば採用後に生じ得る健康上の悪化を考慮した対応が求められます。

採用の質を高めることはなかなか難しいものがあります。困難さはありつつも、例えば採用直後に不調になった教員の事例から学べることを採用担当者と共有するなど、採

用の質を高めようとする取り組みはもう少しあってもよいのではないでしょうか。

精神保健の課題というよりも、教員としての資質、適性という点で懸念を感じる事例に遭遇することもあります。こうした事例は、メンタルヘルス上の課題というよりも採用後の育成上の課題と言えますが、メンタルヘルス上の課題とされてしまい保健師に対応が委ねられてしまうことがよく見受けられます。教員の卒後教育というのも難しいところがあると思いますし、性格傾向、人柄のようなところになると、教育委員会にとっては如何ともし難いというのが本音かもしれません。しかし、こうした事例では校長等管理職に育成の大半が委ねられ、結果的に限りなく負荷軽減され、かえって成長が阻害されることや、休職を繰り返すということになる状況を見受けます。

企業では、適性に疑義がある場合、職務、職場を変更することがあります。ところが、教員の場合には教員として採用した以上、企業と同様の対応はできないようです。とはいえ、教員としての適性に疑義があるのに教員を続けることは、本人にも児童・生徒にも望ましいことのように思えません。制度を見直し、異なる職務への異動を可能にすることも検討する必要があるのかもしれません。

採用後の育成に関して気になる点もいくつかあります。まず、採用初年度の指導者が退職者の再任用によるベテランである点です。そして採用2年目になると指導者が不在になり、相談しにくい状況が生じやすい点です。採用後間もない若手にとって、ベテランが指導者というのは、少々相談しにくい状況を生まないか心配です。また、採用2年目になり相談しにくい状況が生じたことを契機に不調になる事例が少なくないことも、採用後の育成を見直したい理由です。

一般的に企業では若手社員の指導者、いわゆる「メンター」は入社3年目以降の若手が担います。病院看護師の卒後教育も、指導者は「プリセプター」と呼ばれ、採用後3年目以降の看護師が担います。このメンター、プリセプター制度は、年齢が近いこともあり、指導される側は指導者に相談しやすく、苦労や悩み、目標を共有しやすいというメリットがあります。メンター、プリセプターの存在は、採用2年目以降もしばらく続きます。一方で、メンター、プリセプターの負担が増しやすいというデメリットがあるため、メンター、プリセプターが過度に指導上の責任を背負い込まないよう、組織上の工夫が必要です。

新採用教員の不調事例では、大ベテランの指導者を相手にして相談することに遠慮が生まれやすいという話をよく耳にします。また、指導者の指導方法に関する研修や指導者の人柄もあってか、指導者による新採用教員へのパワーハラスメントを疑う事例もあります。若手教員にメンター、プリセプターを担ってもらうことは、多忙な教員事情を考えると反発も生まれそうですが、企業の人材育成の経験を学校でも活用することをもう少し検討してもよいのではないでしょうか。

5 校長から相談があった時にしたいこと

教員のメンタルヘルス支援で重要なのは、校長等管理職が早めに教員の不調を察知し、教育委員会の支援担当者に早めにつなぐことです。校長等管理職は、校内で生じた教員の不調は校内だけでなんとかしようとしがちです。教育委員会も、校内で生じた教員の不調は校内でなんとかしてほしいと思ってしまいがちです。しかし、校内だけで対応してもメンタルヘルス不調への支援はうまくいかないことが多いです。ですから、教育委員会は、教員のメンタルヘルス不調が生じた時に校長が相談できる窓口を明確にし、対応する保健師等の担当者を明らかにしておく必要があります。そして、校長が早めに相談できるよう、連絡先を伝えておく必要があります。連絡先があるということを一度伝えても忘れられてしまいやすいので、校長会、校長対象の研修など様々な機会を通して広報することができるとよいでしょう。

校長から教育委員会に相談があった際には、教員の不調を察知し、早めに連絡をした校長の姿勢に対して「忙しい中、早めに連絡・相談いただきありがとうございます」と、好意的な評価を伝えましょう。校長の中には、教員のメンタルヘルス不調について自責的に認識し、外部への相談をためらう人もいます。支援の鍵は、早めに外部に相談することです。ですから、校長が外部へ相談したという行動を好意的に評価することは、今後の支援にプラスに働きます。

校長の相談行動を好意的に評価しねぎらった後は、不調になった教員の詳細について情報収集しましょう。その際には、氏名、年齢、性別、経験年数、職務内容、不調になる前の人事考課や人柄、不調になった経緯、精神科受診の有無、受診している場合には診断名と治療状況を中心に確認し、記録に残しましょう。その上で、保健師等支援の実務者と面談するために、不調になった教員へ校長から伝え、承諾を得ることができるよう働きかけましょう。不調になった教員は、保健師等支援の実務者との面談に対して忌避感を抱くことがあります。その理由には人事考課への影響を危惧することもあるでしょうし、単に不安等の症状が重く、面談を恐れているということもあります。面談は特別なことではないこと、メンタルヘルス不調が生じたあらゆる教員に提供されている福利厚生の一環であること、回復のためには1人で考えず、保健師等の専門職と相談することが有益であることなど、不調になった教員に伝えるとよいメッセージを具体的に校長に対して情報提供することができるとよいでしょう。

校長から不調になった教員に保健師との面談について伝えてもらった後は、校長からの報告を待つことになりますが、校長も多忙です。報告が忘れ去られ、支援が途切れてしまうこともあります。1、2日しても校長から報告がない場合には、教育委員会から校長へ連絡し、状況を確認する必要があります。学校は多忙です。校長に支援の主導を期待することは、校長を追い込むことになりかねません。校長に支援を主導してもらおうとするのではなく、教育委員会が支援を主導する姿勢が求められます。

保健師等支援の実務者が不調になった教員と面談する際は、前述した項目に加えて、飲酒歴、喫煙歴、身体疾患の経験、常用薬剤など身体的な情報を収集します。また大学卒業までの不登校歴、親子関係、被虐待経験など生活歴上の逆境的体験、困った時の相談相手について尋ねます。これらの情報は、援助希求行動の特性を評価する上で重要な事項になります。そして、不調がいつから・どのように生じたかを、個人要因、職業関連要因、緩衝要因も踏まえて情報収集することができるとよいでしょう。

これらの情報をもとに、不調の理由として精神疾患があるか、治療を要するか、休職を要するか、校内で業務上の調整が必要かなどをアセスメントし、支援方針を定めます。保健師等支援の実務者が単独で判断できることもありますが、判断に迷う事例も多くあります。保健師等支援の実務者を孤立させないよう、メンタルヘルスの専門家に相談できる体制を整えておく必要があります。その際は契約している産業医でもよいのですが、産業医の多くがメンタルヘルスの専門家とは限りません。産業医は身体科を専門にしていることが多いようです。産業医資格の有無を問わず、相談しやすく信頼できる精神科医と嘱託契約を結び、保健師等支援の実務者がメール、電話で相談することができる体制を整えておきましょう。筆者が関与している自治体では、保健師が単独で判断する場合でも判断に迷う場合でも、保健師から、個人情報に配慮した上で、メールで筆者に報告、相談をしてもらうようにしています。保健師のメンタルヘルス支援スキルには個人差があり、異動も多いです。支援の成功のためには、「支援者を支援する」という視点も大切です。支援する保健師が孤立しないよう、保健師を支援する体制を整えましょう。

保健師や嘱託精神科医が教員と面談した後は、本人の承諾を得た上で、面談内容の要旨、支援方針を保健師から校長、人事担当の指導主事へ報告します。こうして保健師が支援のための連携体制のハブになります。

このように教育委員会には校長から相談があった時に、保健師等支援の実務者を中心に迅速に支援が進むよう、体制を整えておくことが求められます。

第6章

これから教員になりたい人が知っておきたいこと

1 教員になりたい人に知っておきたいことがある理由

教員を目指している人たちの多くは、カリキュラムを履修し資格を得ることを中心に考えていると思います。ですから、教員になってからのメンタルヘルスには無関心の人の方が多いのではないでしょうか。

確かに、まずは資格を無事に得ることが先決です。教員のメンタルヘルスは、教員になってから考えればよいことかもしれません。職業を選ぶのに、その職業にまつわるメンタルヘルスやストレス要因を事前に知ろうとする人はほとんどいないでしょう。とはいえ、教員のメンタルヘルスを知らぬまま多くの時間と努力をカリキュラム履修に注ぎ、いざ教員として勤めるようになってから「こんなはずじゃなかった」と感じるようになる事態は避けたいものです。

特徴的なストレス要因のある職業を目指すのであれば、事前にそれを知り準備しておく方が賢明のように思われます。特に、採用後間もない時期に不調になり休職する教員が決して少なくない状況があることを考えると、教員になりたい人が教員のメンタルヘルスについて知っておくことの必要性を感じます。

2 教員という職業の困難さ

そうはいっても、過度に恐れを抱くのも適切とは言えません。「学校はブラック企業だ」「サービス残業当たり前」とマイナス要因にばかり注目するのも適切ではありません。どのような職業にも困難さはありますし、過度に恐れるのではなく、挑戦し困難さを乗り越えること、あるいは挑戦しつつ困難さをしなやかにかわすことで得られることもあるはずです。多くの教員と面談をしてきて、教員という仕事には挑戦しがいのある素晴らしさがあるように感じています。ですから教員になりたい人は、教員の困難さとはどのようなものか、その乗り越え方、かわし方にはどのような手段があるのかを知っておくのがよいでしょう。

まず知っておきたいのは、教員という職務が感情労働であるということに由来する困難さです。感情労働の詳細については、すでに述べた通りです。感情労働は達成感の得にくさ、切り替えのしにくさがあり、やり始めたらきりがなくなる危うさをはらんでいます。学校は労働時間の管理が不十分という指摘がありますが、労働の特性としてやり始めたらきりがないため、長時間化しやすいと言えます。

感情労働という労働特性から生じる困難さ以外に、学校教育の制度、システムに起因する困難さも存在します。それは、重層的な対人関係の存在、裁量権の乏しさ、本務以外の業務量の多さ、業務量の変動、時間管理の乏しさや長時間労働の常態化、卒後教育の手薄さに集約されます。

重層的な対人関係を調整することが求められるというのも、教員の困難さとして挙げられます。感情労働の代表として製造業の顧客対応窓口業務が挙げられます。この場合に求められる対人関係は、顧客との関係にとどまります。一方、教員の場合には児童・生徒、保護者、同僚との調整が求められます。特に児童・生徒、保護者との対人関係は、一方的に要求され続ける状況になりやすい傾向があります。

また、教員は業務における裁量権が大きくありません。実施する教育内容は学習指導要領で定められ、用いる教科書は指定されています。授業時間にも限りがあります。

教員の業務は本務である学級運営、生徒指導、授業の準備や実施、成績評価にとどまりません。学校、学年運営に関わる会議は複数あります。校務分掌と称する、学校運営にまつわる様々な業務もあります。学外の会議、委員会への参加も少なくありません。事務的な業務、研究にまつわる業務もあります。このように多種多様な業務をこなすことが求められます。

そして、業務量は変動します。体育祭、文化祭、校外実習などの行事が重なる時期、成績評価の時期は特に多忙になります。部活動の指導のために休日出勤が常態化しやすい傾向もあります（筆者は、部活動を抜本的に見直した方がよいと考えています）。

採用後初年度は指導担当がつき、相談できる状況があるようですが、採用後2年目になると指導担当は不在になります。わからないこと、判断に迷うことがあれば能動的に学習することや、先輩教員に自ら尋ね、相談することが必要になります。

このように、教員の業務には様々な困難さがあります。困難さという視点で見るとマイナスの側面ばかりのように思われがちになりますが、困難さがあるからこそ挑戦して得られることも少なくないはずです。不調な時期に「そもそも私は教員になりたくてなったわけではない」と言っていた若手教員が、回復してから「大変だけど生徒とのやりとりが面白いって思える瞬間が増えた」と言うのを聞く機会を数多く経験しています。だからといって教員の自助努力、奉仕の精神に甘えて、困難さを放置するのは、学校教育制度をつくる側の傲慢のように思われます。学校教育制度にある課題を整理し、改善することは、教員の働き方という視点ばかりではなく、児童・生徒へ提供する教育の質を高めるという視点で、定期的に絶え間なく取り組まれていくことを期待してやみません。

いずれにせよ、教員として学校に採用されるとこうした困難さに遭遇します。事前にこうした困難さがあることを知っておくだけでも、困難さを乗り越え、柔軟にかわしていくための準備になるでしょう。

3 気をつけたい時期があること

困難さを知っておくことに追加して、もう一つ知っておきたいのが、不調になりやすい時期があるということです。すでに述べたことですが、不調が生じやすいのは採用後2年以内、異動後2年以内です。

採用初年度の不調では、言うなれば「こんなはずじゃなかった」という、想定していた職場、業務とのギャップに戸惑い、疲弊する事例が多いようです。採用後2年目の不調では、指導担当が離れたことを契機に問題解決が遅れがちになること、先輩教員と自身を比較し自己肯定感が低下することが不調の素地になりやすいようです。

初めての異動は採用後5～6年目に実施されることが多いようです。異動にともなう不調では、同僚との対人関係がガラリと変わり、相談のしにくさから問題解決が遅れがちになることが理由になりやすいようです。その他に、採用後に不調があり、上司から一定の理解と配慮を得て勤務を継続していた教員が、職場における配慮の状況を異動先へ申し送られることなく、上司からの理解や配慮の機会が失われることも、異動後の不調では見受けられます。

気をつけたい時期があることを事前に知っておくことは、かえって不安や恐怖心を強めかねないという意見もあるかもしれません。しかし、後述する対処の仕方を理解し、気をつけたい時期があることを知っておくことは、不調を防ぐための心の準備に寄与します。

4　困難さの乗り越え方とかわし方

困難さの乗り越え方、かわし方の最も有効な手段は、教員という職業を選択しないことかもしれません。「そんな元も子もないことを言うな」と指摘されてしまいそうですが、あえてこう述べるのには理由があります。不調になり回復してから「目指していたものと違うと思うので、別の道を選ぼうと思います」と笑顔で退職、転職の希望を表明されると、より早い時期、教員の道を選択する前にそうした判断をされていたら、こんなにつらい経験をせずに済んだのではないかと思うことがあるからです。退職や転職というと、マイナスイメージをもたれがちですが、熟慮し多くの人たちと相談して判断するのであれば、決して間違っていないと思います。ですから、教員を目指していて困難さを知り、「やはり教員を選ぶのはやめておこう」というのも、1つの選択肢になるように思われます。

それでもやはり教員という職業の意義や、教員になることによるメリットを重視し教員を目指したい人には、困難さの乗り越え方とかわし方を知っておくことが、その先の人生にプラスになりそうです。困難さを乗り越える、かわす方法として最も基本的で重要なのは、早めに相談することです。1人で責任を背負い込もうとし過ぎず、上手に甘えることと言い換えることができるかもしれません。「対処法が相談だなんて、たったそれだけのこと？」「上手に甘えるだなんて馬鹿馬鹿しい」と、拍子抜けする人や眉をひそめる人もいるかもしれません。ところが、不調になった教員と面談を重ねていると、多くの人たちが自覚的にも客観的にも「相談するのが苦手」「甘え下手」のようです。そして相談する技術を身につけていくこと、相談が生まれやすい職場づくりをすることで回復し、再発を防ぐことができる人が多くいます。

もしかしたら相談することが苦手かもしれないと思う人は、採用される前から、相談する技術を身につけておくとよいでしょう。

5 相談する技術

相談するにも技術が必要です。上手に相談する技術がどのようなものかは、自分が相談される側になった場合を考えると、想像しやすいでしょう。誰かに相談された時、相談に乗りたくなる要素としては、相談される時期、相談のされ方、相談される側が忙しい時の伝えられ方、の３つに分けられます。

相談される時期としては、解決したい課題が複雑化、困難化していない段階の方が、相談される方も気持ちよく引き受けやすいように思われます。迷ったり困ったりしたら、早め早めの相談が望ましいと言えるでしょう。

相談のされ方は、基本的な会話の姿勢に尽きます。当たり前過ぎるので詳述しませんが、「少しお時間いただけますか」のように、相談される側を尊重する姿勢が望ましいでしょう。また、「謙虚さ」を心がけることも大切です。謙虚さに不快感を抱く人はいません。

相談される側が忙しい時には、相談のチャンスを失うことや、相談できても忙しさが影響して相談の質が落ちる懸念があります。「今、お忙しいようでしたら、お時間いただける時を教えていただけますでしょうか」のように、相談しやすい時間を確保してもらうのもよい方法と言えます。

人見知り、話し下手、内気など、相談の技術に影響する個性というものもあります。無理して個性を変えようとすることや、社交的になろうとする必要はありません。もちろん、日頃から周囲の人たちとまめに会話を交わしていた方が、いざという時に相談しやすいのは当然です。しかしながら、社交性というものは人それぞれです。自分のよさを大切にしながら、基本的な相談の技術を意識することの方が、無理をせず上手に相談し、上手に甘えながら困難さを乗り越え、しなやかにかわす上での近道です。

教員養成系学部の志願倍率が低下しているとの報道を、2018年2月に目にしました。その背景には様々な理由があると思います。その中には、教員の困難さを知り、それを避けたいという理由もあると思います。教員の困難さが減り、教員がやりたい教育、児童・生徒にとって望ましい教育が実現されるための学校教育制度の再構築が求められます。とはいえ、そうした制度の再構築には時間がかかり、困難さは急には解消されないでしょう。教員という職業を望んだ人がメンタルヘルス不調にならないために、困難さを乗り越え、かわす方法を早いうちから身につけておくことをお勧めします。

第7章

同僚や部下から相談された時にしたいこと

1 相談された時に求められる基本姿勢

同僚や部下から相談された時には、相談内容によらず求められる基本姿勢があります。それを身につけるためには、想像力と技術の習得が必要になります。

悩みを抱えている人に向き合う際には、相手の心情を想像する力が必要です。校長等管理職と相談していると、時々、メンタルヘルス不調へのスティグマ（決めつけ）を感じることがあります。「弱い」「根性がない」「だらしがない」といったスティグマは不調な人の心情を想像することを阻害します。「こんなことくらいで調子を崩されては困る、私の時は云々」と武勇伝を語る体育会系な校長に出会うこともあります。確かに、人柄に起因すると思われる事例がないわけではありませんが、スティグマや先入観は支援の際の姿勢に悪影響を与え、不調を悪化させる要因になりかねません。精神疾患や自殺に関する啓発が広くおこなわれ、メンタルヘルス不調へのスティグマは以前に比べて減りましたが、誰の心にもスティグマはあります。メンタルヘルス不調と回復の実際を理解することは、スティグマを減らし、本人の心情を想像する力を授けてくれます。メンタルヘルス不調の当事者による書籍、メンタルヘルス不調を描いた書籍や映画に触れるだけでも、心情を想像する力は育まれます。まずはこの想像力を身につけましょう。

それから、悩みを抱えた人を支援する際に必要とされる基本的な技術があります。その技術は傾聴という技法、受容・共感という態度で構成されます。傾聴という技法は、先を急がずじっくり聞くこと、説得や評価を挟まないこと、適度な相槌、相手の言葉を繰り返すこと、言い直しや言い換えにより要点をつかむこと、一通り聞いた後で「つまり～ということなのですね」と要約を伝えることで実現します。大切なのは聞くこと、質問することです。自分の考えや信念を伝えることではありません。注意したいのは、全面的な肯定をし過ぎないことです。話を聞いている中で、類似した経験を耳にすると「私も経験した、それはつらい、よくわかる」と全面的に肯定したくなるものです。ところが、全面的な肯定は「わかってくれた」という安心感をもたらすこともありますが、「先生の経験とは違う」という疑念を抱かせてしまうこともあります。ですから、全面的な肯定は控えた方がよいでしょう。

受容・共感という態度は、傾聴という技法を実践していると自ずと形成されるものです。特に配慮したいこととしては、相談を受ける側がまずは「話を聞く」心の準備をすること、温かみのある対応をすること、真剣に聞いている姿勢を示すこと、ねぎらうこと、話してくれたことを「よかったこと」として承認すること、心配していることを伝えること、わかりやすくゆっくり話すこと、「不調に至った理由を、今、どのように考えていますか」と本人なりの解釈を尋ね、理解を示すことです。この際に気をつけたいのが、相談を受ける側の解釈は伝えない方がよいということです。解釈を伝えることはただの押し付けになりかねません。大切なのは本人なりの解釈を聞くことです。

こうした相手の心情を想像すること、傾聴の技法、受容・共感という態度は、相談内容によらず共通して意識したいことです。それでは次項から、具体的な相談内容別に理解しておきたいことを述べたいと思います。

2 「死にたい」と打ち明けられた時に心がけたいこと

日本の自殺者数は減少傾向にあるようですが、警察庁の統計によれば、２０１９年の時点でまだ年間2万人台で推移しています。「令和二年版　自殺対策白書」によれば、人口10万人あたりの自殺者数を示す自殺死亡率を諸外国と比べると、日本は9番目に高い状況にあります。

教員の長時間労働や過労死とともに、教員の自殺にまつわる報道を目にすることがあります。自殺は本人の苦しみを考えるとなんとかして防ぎたいものです。教員の場合には、児童・生徒へ与える影響も重大なものになります。職員室が自殺予防に理解のある職場になることは、教員のメンタルヘルスを考える上でとても大切です。そこでここでは、「死にたい」と同僚や部下に打ち明けられた時に心がけたいことを整理したいと思います。

❶知っておきたい基礎知識

①「死にたい」と打ち明けられることの意味

「死にたい」と打ち明けられたことはあるでしょうか。児童・生徒に打ち明けられたことは少なくないかもしれません。一方、大人に、それも同僚や部下に「死にたい」と打ち明けられるという体験は、滅多にないことかもしれません。大人から「死にたい」と打ち明けられることは、心を強く揺さぶられる体験です。「どうしよう」と、打ち明けられた側が戸惑い、不安を抱く状況になるものです。中には「この忙しいのに、そんなこと言わないでくれ」と、途方に暮れる人もいるのではないでしょうか。打ち明けられた側が、戸惑いや不安、打ち明けた相手に対してマイナスの感情を抱くことは、ごくありふれた普通の反応です。そうした心情を抱いたからといって、「そんな気持ちになってしまう自分はダメな人間だ」と思うことはありません。ベテランの精神科医でも、患者から「死にたい」と打ち明けられると心を揺さぶられるものです。

心を揺さぶられつつも意識したいのは、「死にたい」と打ち明けられた時こそ、打ち明けた人が生き延びるチャンスが到来したということです。自殺のリスクが高まると、人は「死にたい」という考えを隠すことがあります。自殺の前に周囲の人々に対して「死にたい」という考えを伝えない自殺者は少なくないと言われています。防ぎきれなかった自殺の多くは、その人の「死にたい」という考えに周囲の人々が気づけなかったことによって生じると言えるのかもしれません。「死にたい」という考えを抱いている人がその考えを伝えたということは、伝えた相手を信頼している証拠と言えます。「死にたい」と打ち明けたことは、助けを求めている重要なサインです。自殺してしまう人々の多くがサインに気づかれぬまま既遂してしまうとすれば、打ち明けてくれたことはその人が生き延びるチャンスと言えるわけです。

ですから、「死にたいなんて軽々しく言うものではない」「親にもらった体を粗末に扱ってはいけない」といった説教をするのではなく、助けを求めている重要なサインと心がけることがまずは重要です。そして「私を信頼してくれているからこそ打ち明けてくれた」と認識し、打ち明けた人との関係性を大切にする姿勢が求められます。

②「死にたい」と打ち明けられる前に気づけることも大切

「死にたい」と打ち明けられる前に、「死にたい」という考えがあることに、周囲の人々が気づけることも重要です。人は、「死にたい」という考えを抱くことに対して恥の意識を抱きやすいと言われています。そのため、「死にたい」という考えを抱いていても、他人に打ち明ける行動は生まれにくいようです。ですから、自殺を防ぐためには、周囲の人々が、打ち明けることのできない人にある「死にたい」と考えているサインに気づくことも重要です。

サインに気づくためには、日頃の様子を知っておく必要があります。日頃の様子を知らなければ、生じる変化に気づくことはできません。いつもより元気がない、口数が減った、落ち込んでいる様子が見受けられる、出勤が遅くなった、投げやりな態度が目立つという変化だけではなく、「なんとなくいつもと様子が違う」という漠然とした変化であっても、「いつもと違うけど、どうしたの？」「なんとなく元気がなさそうで心配しているよ」と声をかけることができるとよいでしょう。

③自殺について話題にすることを恐れる必要はない

「死にたい」と考えている人に対して、「もしかして死にたいと考えていませんか」と自殺について話題にしてよいのでしょうか、あるいは「死にたい」と打ち明けられた時に「自殺」という言葉を使ってよいのでしょうか、と質問されることがあります。こうした疑問を抱くのは、自殺について話題にすることや自殺という言葉を使うことが、「死にたい」という考えを密かに抱いている人への呼び水になり、より一層「死にたい」という考えを強めてしまうのではないかと懸念するためです。

しかし、私たちは自殺について話題にすることを恐れる必要はありません。自殺研究の大家として有名なカーク・D・ストロザール氏とジョン・チリーズ氏は『Clinical

Manual for Assessment and Treatment of Suicidal Patients』という、自殺未遂をした人の評価と治療のための教科書の中でこう述べています。

自殺について質問されることでむしろ患者は安心することが多い。質問されることによって、これまで必死に秘密にしてきたことや個人的な恥や恥辱の体験に終止符が打たれる。

悩みと苦痛を抱えながら人知れず「死にたい」という考えを膨らませている人は、自殺したいと思うことへの恥の意識、自殺にまつわる人々が抱きやすい自己責任論から、誰にも打ち明けることができず、より一層苦悩を深めているということは想像されやすいのではないでしょうか。自殺について話題にすることを恐れずに、むしろ自殺という言葉を使って尋ねることが重要になるということは、ストロザール氏とチリーズ氏の言葉からも理解しやすいような気がします。

④TALKの原則を心がける

自殺予防の領域では「TALKの原則」という有名な原則があります。TALKとは、Tell、Ask、Listen、Keep Safeの頭文字をとったものです。Tellは「あなたのことを心配していると伝える」、Askは「自殺することまで考えているか尋ねる」、Listenは「聞き役に徹する」、Keep Safeは「安全を確保する」を意味します。

　このように、自殺について話題にすること、はっきりと自殺という言葉を使うことは、自殺の危険性を高めることはなく、予防的な対応においてむしろ重要なことととされています。ですから、「死にたい」と同僚や部下から打ち明けられた時に私たちがしたいのは、その言葉を真剣に受け止め、話しやすい場所を用意し、「それは自殺することまで考えているの？　だとしたらあなたのことがとても心配です。とてもつらいことだと思いまず。そう考えるに至った経緯を聞かせてくれませんか」と尋ねることができるとよいでしょう。

❷職場でできる初期対応

①信頼感の構築、傾聴、情報収集

「死にたい」と打ち明けられた時にまず心がけたい初期対応は、信頼感の構築、傾聴、情報収集です。信頼感の構築のためには、真摯な姿勢と雰囲気づくりが大切です。人の出入りの多い職員室ではなく、「それはとてもつらいと思うし、大切なことなので、別の場所でこれから話を聞かせてもらえませんか」のように、話しやすい場所を確保することができるとよいでしょう。忙しくてどうしてもすぐに話を聞けない時には、「つらい気持ちを打ち明けてくれて、まずはよかったと思います」と伝えた上で、「今すぐにお話を聞く時間を確保できませんが、とても大切なことなので、○時頃に少しお時間をいただけますか」と話を聞く時間を確保し、保証することができるとよいでしょう。

傾聴といっても、ただ耳を傾けていればよいわけではなく、また、聞く側が「聞くことができた」と感じることが目標ではありません。打ち明けた相手が「聞いてもらえた」「理解してくれた」と思えることが大切です。そのためには、いくつかのコツがあります。

「死にたい」という厳しい状況に直面すると、「早くなんとかしなくては」と聞く側が焦ってしまいそうですが、まずは先を急がずじっくり聞く姿勢を意識することが大切です。なんとかしようと思うと問題を今すぐ解決したいと思ってしまいがちですが、説得しようとしたり、「死にたい」という考えを良いとか悪いなどと評価したりすることも禁物です。「そんなことをしてはいけない」と説得しようとする姿勢からは、「聞いてもらえている」という認識は生まれません。適度に相槌を打ちながら、「死にたいと考えてしまうんですね」と相手の言葉をそのまま繰り返すことが、「聞いてもらえている」という認識を生み出す姿勢になります。

しばらく会話が続いたら、「眠れないでいると、自殺のことばかり考えてしまうということですね」のように言い直したり、言い換えたりすることも効果的です。一通り話を聞いた後は、「保護者からのクレームが続いてしばらくしてから、睡眠や食欲に変化が生じ、気分がふさぎ込んでいるうちに自殺の考えが出てくるようになり、今日、こうして相談しようと思って打ち明けてくれたのですね」のように、要約して伝えることができるとよいでしょう。

情報収集は、自殺リスクの評価をする上で重要になります。その際に気をつけたいのは、調査的に尋ねないこと、積極的傾聴を意識することです。そして「死にたい」考えを抱くに至った経緯を一通り聞いた後は、承認することです。つまり、「死にたい」と考えるに至った本人を批判したり評価したりするのではなく、「ここまでよくやってこられましたね」「とても大変だったと思います」と認めることが、単に自殺リスクを評価するのではない、予防的な効果のある情報収集を実現してくれるはずです。

②情報を集める時に気をつけたいこと

申し遅れましたが、本項では『もしも「死にたい」と言われたら　自殺リスクの評価と対応』（中外医学社）で著者の松本俊彦氏が述べていることを参照しています。自殺リスクの評価の方法について、松本氏は同書の中でわかりやすく実践的に記しています。情報収集の手順について、より詳しく知りたい場合には是非お読みください。松本氏も述べていることですが、特に教員の場合には気をつけておきたいことがあります。それは、支援する側に自殺リスクを評価することを困難にさせる要因があるということです。自殺リスクの評価を困難にさせる支援する側の要因は、支援する側が「自殺は弱さの証拠で恥ずかしいと思う」「自殺は道徳に反し、罪深いことであると思う」「自殺というテーマはタブーである」という認識を抱くことです。教員と話をしていると、道徳教育の影響もあってか、こうした認識を強く抱いてしまいがちのように感じることがありま す。こうした認識は自殺リスクの評価を困難にさせるだけではなく、無意味なばかりか有害になりやすい「説得」「批判」を生み出しやすくします。

自殺が本人に与える一定のメリット、すなわち「自殺は本人から苦痛を取り除く手段である」ということを理解し、「死にたい」考えを抱く人の心情を想像することが大切です。こうした心情を想像することができると、「確かに、自殺することができたら、あなたが今教えてくれたつらい状況から逃れることができるわけですから、死にたいという考えが生まれるのも当然かもしれませんね」という言葉が自然と出てくるでしょう。

もう一つ教員が気をつけておきたいのは、相手が大人でも児童・生徒へ対応する時と同じような姿勢になりやすいことです。この姿勢が「死にたい」と考えている人に向けられると、せっかく傾聴しても効果的な支援にならなくなってしまいます。児童・生徒への対応はとかく管理的で、親が子を諭すような支援になりがちのようです。それは説得、批判を生み出し、「死なないって約束して」といった安易な提案を生み出しかねません。松本氏は、「自殺しない約束」が自殺予防に有効である証拠はないこと、約束をしたとしても危機を回避することにならないこと、思わぬ抵抗や興奮を生み出しかねないことを指摘しています。自殺しない約束をとりつけようとするのではなく、自殺ということに対して私たちは人生観や道徳観の影響から生じる誤解を抱きやすいことを認識し、積極的傾聴を心がけることがまずは重要になると言えるでしょう。

③具体的な支援

「死にたい」という考えを抱いている人の話に耳を傾け、その心情を想像し、理解を示すこと自体が、実はすでに支援の意味をもつことになります。なぜなら、「死にたい気持ち」に周囲の人々が気づくこと自体に自殺抑止効果があるからです。

一通り話を傾聴した後は、あわてることなく穏やかに「話しづらいこと、思い出すとつらいことをよく話してくれましたね。今まで大変でしたね」と、告白してくれたことをねぎらいましょう。そして、繰り返すようですが「自殺してはいけない」と説得しないようにしましょう。叱責し批判することや、人生観、道徳観の押し付けは、正直に打ち明けることを妨げてしまいます。大切なのは耳を傾け、穏やかに尋ねることです。

松本氏が紹介するトーマス・E・ジョイナー氏らの『自殺の対人関係理論』（日本評論社）によれば、自殺リスクを規定するのは「自殺潜在能力」「所属感の減弱」「負担感の知覚」であるとしています。詳述は避けますが、支援という視点で考えた時に大切になるのが「所属感の減弱」です。「所属感の減弱」とは、「自分の居場所がない」「自分は誰からも必要とされていない」という認識です。自殺リスクを低減するために大切になるのは、「所属感の減弱」を低減することです。所属感を高めるために必要なのは、支援姿勢のある人となるべく多くつながる状況をつくることです。ですから、必要になるのは、職場で支援する人を増やすこと、職場外で支援する人につなぐこと（教育委員会所属の保健師、医療機関など）です。この際に気をつけたいのは、「ぜひ校長に相談してみてください」「ぜひ保健師に連絡しましょう」のように、本人に援助希求行動の実行を委ねるのでは不十分だということです。仮に本人がその提案に同意しても、助言通りに実行するとは限りません。できれば「少しでもあなたがつらいことを知っている人が職場にいた方がよいと思うので」「適切なサポートを早く受けられるようにしたいと思うので」と伝えた上で、本人の前で校長等管理職、保健師に電話連絡をとり、その場で面談の日程調整をして、要点をメモにして渡すことができるとよいでしょう。校長等管理職、保健師につないだ後も、その後の状況を関係者と共有し、方針を確認しながら支援を継続することが望まれます。

ここまで、職場で同僚や部下から「死にたい」と打ち明けられた時にしたいことを概説しました。忙しい教育現場で不調になった同僚や部下から「実は最近つらくて死にたいと考えてしまう」と打ち明けられたら、「この忙しいのに、死にたいのはこっちの方だ」「それって単なる逃げでしょ」と思ってしまうかもしれません。しかし、そもそも「死にたい」という思いは打ち明けにくい心情と言えます。そうした心情を打ち明けてくれた時、それはその人との関係が良好であることを意味します。打ち明けにくいことを口にしたということは、自殺のリスクが決して小さくないことを意味します。死を選択するのではなく、生き延びるきっかけになるかどうかを左右するのは、本人の行動だけではなく、周囲にいる人々の認識と対応によるところがあるということを認識し、適切な支援が職場で生まれることが望まれます。

3 依存症に気づいた時に心がけたいこと

皆さんはお酒を飲みますか？　のっけから飲み会に誘うような言葉になってしまいましたが、教員の中には飲酒を好む人が多いように感じています。診療や面談で話を聞く限り、学期の始まりと終わり、年度末と年度明け、体育祭等の行事が終わった後など様々な理由で飲み会が催されているようです。外で食事をしていると、教員と思しき集まりの中から舌の回らない口調の教育論に関する熱弁を聞くこともあります（コロナ禍でそうした機会もなくなりましたが）。

飲酒には緊張をほぐし、コミュニケーションを促進するなどの効用があるようです。しかし時折、心配な飲酒、また飲酒にまつわる問題に対する心配な対応も見受けられます。飲酒にまつわる問題で気をつけたいのがアルコール依存症です。アルコールは強力な依存性のある物質です。同様に依存性のある物質にはいくつかの薬剤があります。また、依存性のある行動としてはギャンブルがあります。

教員だからといって依存症と無縁というわけではありません。依存症は誤解されやすく、その誤解は回復を遠ざけています。多くの人たちが依存症に理解を深めることが、依存症のある人の回復には欠かせません。依存症のある人が職場にいたとしたら、近くにいる同僚や上司が依存症について理解していることが、回復のための大きな力になります。そこで、ここでは依存症に気づいた時に心がけたいことについて整理したいと思います。

❶問題となる様々な依存症

①飲酒と依存症

「飲酒を好む人が教員には多い」かのような、教育業界から非難されそうなことを申し上げましたが、実際のところはどうなのでしょうか。教員は特に飲酒量が多いということを示す根拠はありませんが、興味深い報告が1つあります。教員のストレス状況への反応として日米を比較したところ、「気晴らしの飲酒」「アルコール依存の傾向」で、日本の教員は米国の教員に比べて有意に多く認めたようです(1)。酒を嗜む程度であればそれほど心配ないのですが、ストレス状況への対処として飲酒することが多いとすると少々心配です。ここで飲酒のすべてがよくないことと申し上げるつもりはありません。飲酒を好む人にとって気心の知れた人と酒を酌み交わすというのは楽しい時間であり、また一仕事を終え飲酒するのは格別と言います。適量を心がけることができれば、目くじらを立てるのは考えものです。一方で、アルコールは強力な依存性物質であるという側面をもっており、アルコール依存症になると様々な健康上の問題が生じ、本人と周囲の人に苦痛がもたらされるようになります。

アルコール依存症は、アルコール性肝炎、肝硬変をもたらします。肝硬変になると、食道に静脈瘤が生じて吐血することがあり、お腹に水がたまり、慢性的な倦怠感が生じます。飲酒ばかりして低栄養になると、ビタミンB_1が欠乏し手足の神経障害や意識障害、認知症の状態になることもあります。俗に「禁断症状」と呼ばれる離脱症状もつらいものがあります。アルコールの血中濃度が低下すると、不安感、焦燥感が生じやすくなり、動悸や発汗といった自律神経症状が生じるようになります。こうした離脱症状の特効薬は、悲しいかな依存している物質、つまりアルコールです。ですから、アルコール依存症になると、アルコールの血中濃度が低下した夜中や朝に飲酒したくなるようになります。いわゆる「迎え酒」が生じたらアルコール依存症の可能性があると心得た方がよいでしょう。離脱症状が重篤になると、離脱せん妄と呼ばれる意識障害が生じます。時間帯や日付がわからなくなり、些細な刺激に反応して興奮したり、いないはずの動物や人が見える幻視に悩まされることもあります。けいれん発作が生じてしまう人もいます。

このように、アルコールには強力な依存性があり、依存症になると様々な健康上の被害がもたらされます。ところで、飲み会でたくさんお酒を飲んでいても依存症にならない人がいる一方で、「え⁉あの人が？」という人が依存症になることも見受けられます。なぜなのでしょうか。その理由は後述するとして、次は薬物依存に触れたいと思います。

②薬物と依存症

同僚が薬に依存していることに気づいたとしたら、どのように対応するでしょうか。覚せい剤をはじめとする違法薬物を使用していたら、「ダメ！ゼッタイ！」の理念で、叱りつけて警察へ通報するでしょうか。違法ではない薬物を使用していたら、「薬に依存するなんて根性がない」と嘆くでしょうか。

公立学校に勤務する教員は公務員です。そして、日頃は薬物乱用防止教育を提供する立場にあります。ですから、同僚が薬に依存していることに気づいたら、「ダメ！ゼッタイ！」「根性論」「人生哲学」に基づいた対応をしてしまいそうです。あるいは、「薬に依存している教員＝教員の不祥事」と認識してしまうと、報道を恐れて「見なかったこと」にしてしまうかもしれません。こうした対応は適切と言えるでしょうか。どちらの対応も、薬に依存している教員が回復を目指す上で悪影響を及ぼしかねません。

依存しやすい薬として最も有名なのは、覚せい剤ではないでしょうか。有名なスポーツ選手や芸能人による覚せい剤使用は、よくメディアを通して知られるところです。薬物依存の対象薬物に関する調査によれば、薬物依存で通院している患者の使用薬物で最も多いのが覚せい剤です。わが国では長らく、覚せい剤が最も多く使用されている依存性薬物であることが知られています。かつては文壇、厳しい労働環境の人たちに愛用されていた時代もあったようです。

一方で、実は決して使用者数が少なくない依存性薬物として、医療機関で処方されている睡眠薬や抗不安薬、ドラッグストアやコンビニエンスストアで購入できる感冒薬、鎮咳薬（咳止め）が挙げられます。これらの薬物は、使用量を遵守すればそれほど問題にはなりません。ところが、頻繁に大量に使用しているうちに依存してしまう人もいるようです。また、カフェインも、決して侮れない依存しやすい薬の1つと言えます。「カフェインなんて薬じゃないし、コーヒーやエナジードリンクに入っているじゃないか」と言う人もいるでしょう。けれども、カフェインの錠剤はれっきとした薬です。エナジードリンクを愛用しているうちに、カフェインの錠剤を大量に使用するようになる人も稀ではありません。薬物依存と聞くと、違法で危ない薬をイメージする人が多いようです。しかしこのように、依存の対象となるのは違法な薬ばかりではなく、入手しやすい薬も数多くあるのです。

それでは様々な依存性のある薬を前にして、同僚や部下が何らかの薬に依存していることを知った時、私たちはどうしたらよいのでしょうか。望ましい対応方法を考えるためには、薬への依存が生まれる理由を理解する必要があります。その理由を知る前に、ギャンブル依存にも触れておきましょう。

③ギャンブルと依存症

学校で同僚にこっそりと、「ごめん、百円貸してくれないかな」と、両手を合わせて懇願されたことはあるでしょうか。そんな経験がなかったとしても、「百円程度ならまあ仕方がないか」と思うでしょうか。では、「ごめん、千円貸してくれないかな」と懇願されたらどうでしょうか。あるいは「ごめん、1万円貸してくれないかな」と懇願されたらどうでしょうか。困っている同僚を助けたいと思い、1万円を差し出すでしょうか。ところが、手助けのために金銭を手渡すことが、同僚の困った状況をさらに悪くすることがあります。

その困った状況には「ギャンブル依存」が潜んでいることがあります。ギャンブル依存とは、ギャンブルをやめたいと思っている、ギャンブルが原因で生活や対人関係に支障が生じているのに、ギャンブルをやめられない状態を指します。わかっているのにギャンブルをやめられないと、当然ですが借金が増えます。借金が増えると家族や知人に金を無心するようになります。すると大切な人たちとの対人関係が破綻し、孤立しやすくなります。「もうやらないけど、困っているから貸してほしい」と嘘をつくようになるのも特徴です。嘘をついてでも金を手に入れ、手に入れた金をまたギャンブルで消費してしまいます。嘘をつくと大切な人からの信頼を失い、さらに対人関係は破綻していきます。ですから、ギャンブル依存は、本人はもとより家族にもとても困った状況をもたらしてしまいます。

実は、日本にはギャンブルがギャンブルと名乗らずに存在しています。その最たるものが、パチンコ・パチスロです。パチンコ・パチスロは公式にはギャンブルとされていません。パチンコ・パチスロ店でギャンブルはおこなわれていません。では、どのようにしてパチンコ・パチスロはギャンブルになっているのでしょうか。これを可能にしているのが「三店方式」です。すなわち、パチンコ店（ホール）、景品交換所、問屋で構成された、景品の現金化です。勝った客は、ホールで特殊景品を手に入れます。客の多くは、これを景品交換所で現金化します。景品交換所が買い取った景品は、問屋が買い取ります。問屋は、買い取った景品を再びホールに卸すという仕組みです。

パチンコ・パチスロだけではありません。競馬・競輪・競艇・オートレースも、ギャンブルではなく「公営競技」という名で存在し続けています。駅を降りればたいていパチンコ店があります。道路を車で走っていると、よくパチンコ店が見えます。テレビCMでは、競馬・競輪・競艇・オートレースの広告が流れています。このように、日本ではギャンブルがギャンブルと名乗らずに、私たちの生活に浸透していると言えます。

　ギャンブルがギャンブルと名乗らず広く存在し、アクセスしやすい場所にあるのに、「知人にギャンブル依存のある人は？」と尋ねられても、思いつかない人の方が多いかもしれません。これほどギャンブルができる場所が多くあるのに、私たち日本人はギャンブル依存になる人が少ないのでしょうか。「こんなにギャンブルに囲まれていても、ギャンブル依存になる人が少ないだなんて、日本人の精神力はすごいものだ」と思ったら大間違いです。日本のギャンブル依存有病率は、実は高いことが指摘されています。

2017年、久里浜医療センターの研究班がスクリーニング調査票を用いて全国調査をおこない、ギャンブル依存が疑われる人の人口に占める割合を算出しました。その結果、日本人のギャンブル依存が疑われる人の占める割合は3・6％（男性6・7％、女性0・6％）でした。国勢調査から推計すると、なんと日本にはギャンブル依存が疑われる人が320万人もいるということになります。

「まあ、そんなものでしょう、日本で特に多いというわけではないのでは？」と思う人もいるかもしれませんが、海外と比べると日本の深刻な状況が浮き彫りになります。諸外国の数値と比較してみましょう。例えば、オランダは1・9％（2006年）、米国は1・9％（2001年）、スイスは1・1％（2008年）、イタリアは0・4％（2004年）、ドイツは0・2％（2009年）です。こうした諸外国の数値を見ると、私たちのこの国は「ギャンブル大国」と言ってもあながち間違いではないのかもしれません。一時、アスリート、会社重役のギャンブルが報道されました。ギャンブルが原因という報道は目立たなくても、会社の金銭を使い込んで逮捕された人の報道の背景には、ギャンブルがあることが決して少なくありません。ギャンブル依存は決して稀ではないのです。そして、ギャンブル依存がもたらす経済的な困窮、孤立は自殺に帰結することも稀ではありません。このように、ギャンブル依存は稀ではなく、ギャンブル依存になった人と家族を追い詰める存在と言えるでしょう。

決して稀とは言えないギャンブル依存ですが、なぜ私たちの身の回りにギャンブル依存のある人が多いように感じることができないのでしょうか。それはギャンブル依存が気づかれにくい、目立たないからです。ギャンブル依存は、例えばアルコール依存と異なり、酩酊や離脱症状などといった身体症状がありません。ですから、周囲の人が気づくことはなかなか難しいのです。そして、ギャンブルをすることへの後ろめたさもあってか、ギャンブルにハマっている人はなかなか「パチンコが大好き」と公言しません。ましてや借金を重ねギャンブル依存の状態にある人は恥の意識を抱きやすいので、誰かに打ち明けることも避けがちになります。気づかれにくいため、知らぬ間に借金を重ね、気づかれた時には大変な状況になっているのが、ギャンブル依存の特徴と言えるのかもしれません。

❷支援の前に知っておきたい依存症のこと

①人が物質や行動にハマる理由

依存症の中でもアルコール、薬物、ギャンブルについて取り上げました。では、人はなぜこれらの物質や行動にハマるのでしょうか。物質や行動の依存性だけで説明がつくのでしょうか。アルコールを摂取しても、多くの人はアルコール依存症になりません。人が物質や行動にハマるのには、依存性以外に別の理由があるはずです。それは何でしょうか。

この疑問を解決する考え方として、エドワード・J・カンツィアン氏らによる依存症の「自己治療仮説」があります。エドワード氏らは、物質への依存が生まれる背景には、その物質の特性が強く影響しているというよりも、生きる上での困難さを解決するための手段として物質を使用していること、すなわち「自己治療」のために物質を使用していることが依存症を生むと指摘しています。たくさん酒を飲んでいても、依存症になる人とならない人がいる。喫煙しているのに、喫煙習慣を続ける人と続けない人がいる。先輩に勧められてシンナーを始めたのに、続ける人とやめる人がいる。こうした同じ物質でも依存症になる人とならない人がいるのはなぜかという疑問に、この自己治療仮説は答えてくれるように思います。つまり、生きる困難さがある人は、物質を摂取することによってその困難さが少しでも解決してくれれば摂取を継続し、そうではない人にとっては物質を摂取することは必要なくなるということです。そう考えると、眠れないから寝る前に酒を飲む、人前で話す前に緊張を和らげたくて一杯引っかけるというような、目的が明確な飲酒をしている人は少々心配ということになります。

ここで特に重視したいのは、「依存症になると大変だから、不安、緊張、不眠などの不快な状態を解決するために飲酒していたとしたら気をつけましょう」などということではありません。依存症になる理由は、だらしないとか、気合いが足りないとか、自己責任の意識が足りないといった理由ではないということです。困難な状況に対処することができず、やむにやまれずアルコール、薬物、ギャンブルなどによって対処してしまう結果、依存症になるということです。

ですから、周囲の人々が心がけたいことは、本人が困難な状況に対処する術をもつことができず、アルコールや薬物を摂取する、ギャンブルをするという行動によって対処しているということを理解し、他の対処方法を身につけることができるよう支援するということです。しかし、なかなかそうはいかない現実が社会にはあります。

②依存症に対して私たちは誤解しやすい

芸能人が飲酒や薬物にまつわる不祥事を起こすと、コメンテーターたちは一斉に不祥事を起こした本人を非難します。「反省が足りない」「甘えている」「残念ながら復帰は難しいでしょうね」というコメントが繰り返されます。中には「彼はおそらくアルコール依存です、また酒に手を出したら終わりです」と、まるで裁きを下す判事か神のような立ち位置で物申すコメンテーターもいます。依存症は、反省だとか甘えだとかが理由でなるものではありません。依存症から回復し、活躍している人は数多くいます。こうした誤った認識、無用な自己責任論が報道され続ける状況は、私たちの認識の仕方にも知らぬ間に影響を及ぼすようです。

出勤時に酒の匂いを漂わせるようになると、「あの人、大丈夫だろうか」と距離を置くことは珍しくないでしょう。酒席で泣き始めたり、怒りっぽい状況になると距離を置きたくなるのもよくある風景です。そこには、「飲酒をコントロールできない人＝だらしない人、ダメな人」という認識があるように思われます。本来、問題のある飲酒をしてしまう人は、不快な状況への対処が苦手で不器用で、酒の力を借りてしまうという状況があるはずです。そうであれば、問題のある飲酒をしてしまう人への対応として望ましいのは、彼らの不器用さを理解し、酒の力を借りてしまう状況に理解を示し、回復のために必要な支援につなげることであるはずです。それでも、問題のある飲酒をしてしまう人に対して、私たちは少しだけ距離を置きたくなるものです。

飲酒にまつわる問題に私たちは誤解を抱きやすく、社会もメディアもそうした状況にあるということを、支援を考える以前に認識しておく必要があるように感じています。飲酒だけではなく、薬物やギャンブルについても同じことが言えます。

❸依存症への支援の基本

①依存症に気づくために

ここから先の支援の基本については、アルコール、薬物、ギャンブルともに共通している点が多いので、理解しやすくするために、アルコール依存を例に挙げて述べることにします。

支援は、その人の行動に変化があることに気づくことから始まります。そのためには、問題のある飲酒行動のサインを見逃さないことが重要になります。飲酒しないと眠れない、寝る前に酒を飲むという習慣があることの告白、出勤時に酒の匂いがして遅刻が目立つ、酒席の翌日に病欠が目立つというのは、心配した方がよいサインです。こうしたサインに気づいたら、見て見ぬふりをせず、放置せず、「だらしないダメな人」と認識するのではなく、「何かの困難さがあり、飲酒によって対処しようとしているのかもしれない心配な状況」と認識することが求められます。

これまでも述べてきたことですが、こうした変化に気づくためには、日頃の様子を知っておく必要があります。日頃から同僚や部下とコミュニケーションを図り、いつもの様子を知っておくことの大切さは、職場のメンタルヘルスを良好にしていく上で共通する条件のように思われます。

②問題に気づいた後にしたいこと

では、問題のある飲酒かもしれないと気づいたとしたら、どのような支援が求められるでしょうか。当然ですが、叱責や批判は禁物です。問題のある飲酒をしている人は、自身の飲酒習慣への恥の意識を抱いていることが少なくありません。人知れず酒を飲むことで困難さに対処しているということを認めたくない心情を抱いていることが少なくありません。そうした人への叱責や批判は、意味がないどころか有害になってしまいます。また、やむにやまれず飲まずにはいられない人に、飲酒しないことの約束を求めるのも有効とは言えません。飲むことでしか苦しみに対処できない人から、別の対処方法を話し合うことなく、その対処方法を奪おうとするのは、より困難な状況に追い込むことにしかならないように思われます。

「本人のせい」にせず、「生きづらさ」がある心情を想像し、支援する姿勢が求められます。飲まずにはいられない理由を語ることができる状況をつくり、困難さに理解を示し、他の対処方法を身につけることのできる環境につなぐことが大切です。ですから、ことさら飲酒に焦点を絞って議論する必要はありません。「最近、遅刻が多いけど疲れがたまっているの?」「疲れがたまっているように見えて仕方がないけれど、何かできることはある?」と、困難さを予測して歩み寄る言葉が望ましいでしょう。酒の匂いが明らかであれば、「飲み過ぎてしまうのにはつらい気持ちを解決しきれない状況があると聞くければど、困っていることがあれば何でも言ってほしい」と率直に伝えるのもよいでしょう。困難な状況への基本的で適切な対処は、困難さを信頼できる人に打ち明け、相談する行動です。飲酒によって対処してしまっている人の多くは、困難さを打ち明け、相談することができないまま、心の痛みに蓋をするかのように酒量を増やしてしまいがちです。酒で心の痛みを鎮めているようなものです。ですから、相談しやすい、打ち明けやすい言葉と姿勢を伝えることが、問題のある飲酒に気づいた後でしたいことと言えるでしょう。

③頭ごなしに否定しない

困難さと飲酒について打ち明けてくれるようになったからといって、「悩みがあれば飲酒の前に相談しろ」「酒をやめろ」と迫るのは考えものです。そんなことができていれば、アルコール依存症にはなりません。打ち明けること、相談することが苦手だから飲酒で対処してしまっているのであって、説教しても急に適切な対処行動は身につきません。説教や説得はかえって恥の認識を深めかねません。

ここでむしろ重要なのは、その人が飲酒によってどのようなメリットを得ているのか尋ね、語ってもらうことです。「お酒を飲むと眠りやすくなることや、緊張が和らぐことがあるけれど、あなたの場合、お酒を飲むとどんなメリットがありますか？」のような質問が効果的です。こうした質問をすることは、飲酒によってその人が何を得ようとしていたのかということに認識を深めることを促します。そして同じメリットを得るために、飲酒以外の行動を探す糸口になります。

④具体的な支援につなげる

離脱症状があることを疑う場合には当然、保健師や医療機関につなぎたいものですが、離脱症状が判然とせず、アルコール依存症が疑われなくても、問題のある飲酒の可能性を考えた場合には支援につなぐことを積極的に考えてよいようです。依存症になってから治療するのではなく、最近では少しでも問題のある物質使用があれば、早めに支援につなぐことが良好な転帰を期待できると言われるようになりました。支援につなぐことを特別視せず、重篤になる前につなぐことが求められます。その際に心がけたいのは、一度勧めて断られてもあきらめないことです。折に触れて様子を尋ね、飲酒がもたらす本人にとってのメリット、周囲が心配しているデメリットを率直に話題に取り上げながら、困難さを1人で解決しようとせず、相談してよいことを繰り返し伝え続けることが大切です。保健師や医療機関につながらなかったとしても、周囲がこうした姿勢を示し続けることで、孤立を防ぎ、結果的に酒量の低減がもたらされることが期待できます。

恥の意識、自己責任論も影響して、医療機関の受診を勧めても容易につながらないのがアルコール依存症の特徴でもあります。まずは保健師につなぐこと、精神保健福祉センターの相談につなぐことが、効果的なことがあります。相談することを委ねるのではなく、本人の前で保健師や精神保健福祉センターに連絡し、面談の日程をとりつけることができるとよいでしょう。薬物、ギャンブルの場合にも精神保健福祉センターが対応しています。違法薬物の場合には警察へ通報すべきか迷うことがあるかもしれませんが、通報し逮捕されることは、教員の不祥事報道を好むメディアに材料を与え、退職、孤立、困窮を生み出します。孤立は、違法薬物の再使用の要因になり悪循環をもたらします。大切なのは社会的制裁ではなく、回復のための支援に確実につなげることです。

同僚や部下の依存症に気づいた時に心がけたいことについて整理しました。私たちは依存症と聞くと、「困った人」「ダメな奴」「だらしない」と決めつけてしまいがちです。そうした依存症へのスティグマがもたらす周囲の微妙な変化は、本人の孤独、孤立を強めます。それは結果的に、苦痛を打ち明け、相談する機会を奪います。孤立は依存している物質の使用、行動を強化します。蔑視するのではなく、本人のせいにするのではなく、わかっていてもやめられない生きづらさがある心情を想像し、支援する姿勢が求められます。

4 眠れないと打ち明けられた時に心がけたいこと

「最近、あまり眠れていない」と同僚に打ち明けられたら、どのような対応をするでしょうか。「眠れないのはストレスのせいでしょう」と伝え、寝酒を嗜むことや医療機関で睡眠薬を処方してもらうことを勧めるでしょうか。確かに教員の仕事にストレスはつきものです。ベッドに入ってから翌日の業務について考え始めたら、なかなか眠れなくなりそうです。学級や保護者との関係に課題があれば、あれこれ悩むうちに眠れなくなってしまいそうです。頭が冴えたまま眠りについても、ふと夜中や早朝に目が覚めてしまいそうです。考えているうちに「教員に向いていないのでは」と思いつめてしまう若手教員も少なくありません。眠れるようにしようと寝酒や睡眠薬を使用することは、眠れない原因を調べずに対症療法をしているに過ぎません。

それでは、同僚や部下の教員に眠れないと打ち明けられた時、どのような対応が求められるでしょうか。ここでは、睡眠に問題が生じた教員がいた時に、どのような対応が適切かどうかについて、睡眠の問題の理由を整理しながら考えたいと思います。

❶睡眠に影響を与える要因

睡眠に問題が生じるのには理由があります。それは、睡眠に影響を及ぼす要因の変化です。睡眠に関与する要因には、環境、習慣、物質、身体、心理の5つがあります。

①環境

睡眠に影響する環境としては、室温、寝具の肌触り、枕の高さなどが関与します。眠る時の環境が心地よいことは大切です。例えば、寝返りをうちにくい摩擦係数の高い寝具、服装のままでは、眠るのには不快な環境になってしまいます。

②習慣

睡眠に影響する習慣としては、睡眠―覚醒リズムが挙げられます。睡眠―覚醒のリズムは、22〜24時に就寝し、6〜8時間程度の後に起床するのが望ましいとされています。これは、睡眠に関連する物質の分泌量の日内変動から明らかにされており、このリズムは、平日も休日も一定であることが望ましいとされています。時々、平日は睡眠時間を削り、週末は昼過ぎまで寝だめをするという話を聞くことがありますが、残念ながら私たちは睡眠を「貯金」することはできません。週末の寝だめは「社会的時差ボケ」、いわば毎週末海外出張しているのと同じ状況を生み出すと言われています。週末の寝だめは、月曜日の疲労を生むと言えます。

③物質

眠りに影響する物質としては、アルコールとカフェインに注意が必要です。

アルコールは睡眠の質を低下させます。飲酒量は、適量とされている1日平均純アルコールとして20g（ビールであれば中瓶1本）を心がけましょう。寝酒の習慣は、アルコール依存症のリスクを高めると指摘されています。寝酒の習慣がある人は、徐々に量を減らすか、飲まずに眠る日を少しずつ増やした方がよいでしょう。

カフェインは、エナジードリンク、栄養ドリンクだけではなく、コーヒー、紅茶、緑茶、ウーロン茶など含有する飲料が多いので油断禁物です。児童・生徒を送り出し、夕方になって「さて仕事を片付けよう」とエナジードリンクを飲む習慣は、睡眠効率を低下させます。「ファイト一発」のつもりが、繰り返しているうちに疲労をため込むことになり、逆に「ノックアウト」されかねません。15時以降は、これらカフェインを含有する飲料の摂取は避けた方がよいでしょう。

また、服用薬の中には眠りを妨げるものがあります。例えば、吐き気止め、抗精神病薬など、ドパミン受容体を遮断する薬の中には下肢がムズムズ、そわそわしてしまうアカシジアと呼ばれる副作用が生じることがあります。

④身体の状態

睡眠に影響する身体の状態としては、痛み、かゆみなどの不快な症状をもたらす身体疾患が挙げられます。持病をお持ちの方は治療が求められます。前述したアカシジアに類似して、下肢にムズムズ感が生じるレストレスレッグス症候群も睡眠を妨げます。レストレスレッグス症候群はいくつかの身体疾患に合併することがありますが、過多月経等で鉄欠乏状態になり生じることもあります。

また、肥満、下顎の小さな人では睡眠時無呼吸症候群が生じやすくなるようです。睡眠時無呼吸症候群では、睡眠中に無呼吸状態を繰り返すため睡眠効率が低下し、日中の眠気が生じます。

⑤心理的要因

睡眠に影響する心理的な要因として、心配事、困り事を誰にも相談しないままですと、眠ろうとしても考え続けてしまい、寝つきが悪くなるということがよくあります。うつ病、統合失調症など、いくつかの精神疾患では寝つきが悪くなることや夜中にたびたび目が覚める症状が生じることもあります。また、「寝なきゃいけない」「眠れなかったらどうしよう」という認識は、睡眠を妨げやすいことが言われています。寝つけなかったとしても、布団の中で悶々とするより、一度布団から出て短時間過ごし、また就床することが推奨されています。

❷具体的な対応の前に

眠れない理由が単にストレス状況ばかりではないことについて、ご理解いただけましたでしょうか。薬や身体疾患によることもあるでしょうから、ここは保健師への相談を勧めたいところです。とはいえ、保健師に相談するということには、眠れないことを解消したくても、それなりのハードルがあります。相談したいという動機づけを深めるためには、具体的な対応の前にしておきたいことがあります。

眠れない状況が続くと、倦怠感、疲労感が生じやすくなります。倦怠感や疲労感は、仕事のパフォーマンスにも影響が生じます。居眠りをするつもりはなくても会議中に眠気をこらえきれず、管理職に叱責されてしまうことも生じやすくなります。このように、眠れないということは、眠れないことによる苦痛だけではなく業務への影響に関する不安ももたらします。こうした心情に理解を示すことが、保健師への相談をすることに関する動機づけを深めてくれそうです。

ですから、「眠れないのはつらいですよね」「それだけ眠れない日が続けば、疲れもたまりやすいでしょう」「昼間眠くなると授業にも支障が出ますし、うっかり居眠りでもしてしまうと管理職にどう思われるか気がかりですよね」のように、眠れないことがもたらす心情を伝え、眠れない人の思いに耳を傾け、理解を示すことができるとよいでしょう。その上で、「眠れないからといって寝酒や睡眠薬に安易に頼ると、アルコール依存症や睡眠薬の依存が生じやすくなるようです」「お酒や睡眠薬は寝つきをよくしてくれるかもしれませんが、眠りの質は低下するようです」「眠れない理由を考えて対処するためには、保健師さんと相談してみてはいかがでしょうか」のように、具体的な保健師へのつなぎができるとよいでしょう。

睡眠の問題について同僚や部下から打ち明けられた時に、どのような対応が求められるかについて整理しました。実際に教員の面談をしていると、業務上のストレス状況が影響していることが多く、薬や身体疾患が関与していることはそれほど多くはありませんが、時々、薬や身体疾患が関与していることがあります。その際には、保健師との相談が解決の糸口になります。業務上のストレス状況が影響している場合も、薬や身体疾患が影響している場合にも、精神科を受診すると、眠りの問題を引き起こしているかもしれない原因が検討されないまま、早々に睡眠薬が処方されてしまうことが少なくない残念な状況があります。精神医療の質を高めることも必要ですが、現実を考えると、今は精神科受診を急ぐよりも保健師への相談に確実につながることが求められると言えるでしょう。

5 もの忘れが多い様子に気づいた時に心がけたいこと

同僚のもの忘れに気づいた時、どのように思うでしょうか。「忘れたでしょう」「気をつけないとまずいよ」のような、たしなめる言葉、批判する言葉が頭に浮かぶでしょうか。わずかな頻度のもの忘れであれば、確かに本人の不注意かもしれません。たしなめることも必要かもしれませんが、「忙しいと忘れることもありますよね、お互い気をつけましょう」と、支え合う言葉を伝える方がよいように思われます。

それでは、同僚のもの忘れがとても多く、繰り返されていることに気づいたら、どう思うでしょうか。もの忘れがとても多くなると、すでに終わっている授業を繰り返す、試験問題の作成期日に間に合わない、成績表作成の期日に間に合わない、出席すべき会議があることを忘れて帰宅してしまうといった失敗が増えます。こうした失敗は、児童・生徒を介して保護者に知られることになります。そして、保護者からクレームが入ることになれば、学年主任、教務主任、副校長、校長が対応することになります。また、試験問題や成績表作成が期日に間に合わない可能性が高まると、周囲の教員たちが協力してなんとか間に合わせなくてはならなくなります。このように、教員にもの忘れが多くなると業務に支障が生じることになり、児童・生徒、保護者、他の教員、管理職たちに大きな影響が及ぶことになります。当然、もの忘れの多い教員への風当たりは強くなりそうです。それに加えて、もの忘れをしている教員が、「ついうっかりしていました」「あの日はちょうど忙しくて」のように取り繕う態度を示してしまうと、その教員に対して批判的な雰囲気が職場の中に渦巻いてしまいそうです。

では、教員にもの忘れが増えた時、同僚や管理職は、その教員にもの忘れを指摘し、叱り、指導すればよいのでしょうか。実はもの忘れが増えている時、その原因としていくつかの疾患が潜んでいることがあります。疾患が理由でもの忘れとそれによる失敗が増えているのに、もの忘れを指摘し、叱り、指導するのは望ましい解決策のようには思えません。そこでここでは、同僚のもの忘れが多いことに気づいた時、どのような理解と対応が求められるかについて整理したいと思います。

❶「もの忘れ＝認知症」ではない

①認知症とは

もの忘れと聞くと、皆さんの頭に浮かぶのは「認知症」という言葉ではないでしょうか。超高齢社会のわが国では、認知症に関する話題が新聞、テレビで毎週のように取り上げられています。もの忘れに気づいたら、認知症の可能性を考えて早めに受診しましょうという啓発もよく聞きます。ですから、「もの忘れ＝認知症」と考えたくなるのも当然なのかもしれません。しかし、「もの忘れ＝認知症」とは言えません。しかも、実は「認知症」という病気はありません。認知症とは、あくまでも「状態」を示す医学用語なのです。つまり、認知症という単一の病気はありません。認知症の状態は、様々な原因疾患によって生じます。そして、一見すると認知症のように見えるのだけれども、実は認知症ではないということもよく見受けられます。それでは、認知症とはどのような状態を示すのでしょうか。

認知症は、ゆっくりと進行性に様々な認知機能が低下して、日常生活に支障が生じる状態を意味します。低下する様々な認知機能とは、記憶機能だけではありません。日時、場所、人物を認識するための見当識と呼ばれる機能、注意を保つあるいは刺激に対して注意を転換する機能、適切な判断を下すための機能、言語を理解し操る機能、視覚や身体感覚から左右や上下などの方向を認識する機能、物を操る機能など様々な機能が、ここで用いられる認知機能を意味します。そして、認知症は意識障害によるものではないということも、その定義の中に記されています。うつ病、統合失調症などの意識障害によらないけれどもの忘れを引き起こす疾患も、認知症には含まれません。

②「もの忘れ＝認知症」と決めつけてはいけない理由

認知症を引き起こす原因となる疾患としては、多いものからアルツハイマー型認知症、血管性認知症、レビー小体型認知症、前頭側頭型認知症などがあります。これらは、残念ながら根本的な治癒を望むことはできません。もちろん、様々なケアによって張り合いを得て安心して暮らすことができるよう支援される必要はあります。ですから、大切な人のもの忘れに気づいたら、認知症かもしれないと周りの人たちは考えて、適切なケアにつながることができるよう支援することが求められます。

ところが、認知症が根本的な治癒を望めないという認識は、ケアへのつなぎに際して、マイナスの影響を及ぼすことがあります。特に本人が積極的に医療機関を受診することをためらっている時に、「治らないから様子を見よう」という安易な認識を生み出しかねません。また、誰しも人の失敗を指摘するのはためらうものですから、もの忘れが増えていても「心配だから医療機関を受診しましょう」と勧めるのが遅れがちになります。

一方、認知症のように見えるけれども、根本的に治癒を望むことができる疾患が潜んでいることは、実は稀ではありません。「もの忘れ＝認知症」という決めつけは、根本的に治癒を望むことができる疾患の発見を遅らせかねません。根本的に治癒を望むことがでるけれども、対応が遅れると後遺症を残しかねない疾患も少なくありません。根本的に治癒を望むことのできる、認知症と間違えられやすい疾患には、頭蓋内病変による疾患として慢性硬膜下血腫、脳腫瘍、特発性正常圧水頭症などが挙げられます。また、ビタミンB_1、B_{12}欠乏などの栄養障害も稀ではありません。それから、甲状腺機能低下症、糖尿病による高血糖や低血糖、腎不全による尿毒症、肝不全による肝性脳症、様々な原因疾患によるナトリウムやカルシウムの代謝異常もあります。近年、わが国で増加傾向の梅毒感染症も、神経梅毒によって認知症のように見えてしまう状態をもたらすことがあります。てんかん、うつ病、統合失調症、注意欠陥多動症も認知症と誤診されることがあります。アルコールやいくつかの処方薬も、もの忘れの原因になることがあります。難聴や加齢も、もの忘れを増やします。

つまり、「もの忘れ＝認知症」ではなく、「もの忘れ＝根本的に治癒を望むことができる疾患が潜んでいるかもしれない」というのが正しい認識と言えるかもしれません。

❷もの忘れへの具体的な対応

①望ましい対応の前に理解しておきたいこと

認知症のように見えるけれども、実は認知症ではなく別の原因や疾患が多くあることについてご理解いただけましたでしょうか。これを踏まえて、もの忘れが増えている教員がいたとしたら、「認知症だから教員は無理、退職が妥当」という対応が望ましくないのは当然、ご理解いただけると思います。望ましい対応は、認知症のように見せる認知症以外の疾患があるかどうか調べることができる医療機関へつなぐことです。

それでは「もの忘れが増えているから、もの忘れを引き起こす病気が隠れていないかどうか、病院を受診しましょう」と言うのが望ましいでしょうか。決して間違っているとは思わないのですが、これが適切な対応とも言えないように感じています。もの忘れという失敗を職場で指摘されて、素直に医療機関を受診する人は少ないように思われます。受診を勧める前に、もの忘れが増えている人が受診の必要性を感じることができる対応をする必要があります。そのためには、もの忘れが増えている人の心情を理解し、想像することができるようになることが求められます。

②もの忘れが増えている人の心情

もの忘れが増えている人は、どんな心情を抱きやすいでしょうか。もの忘れは失敗をもたらします。失敗を繰り返すことは自己肯定感の低下を招きます。そして再び失敗することへの不安、人に指摘されることへの恐れをもたらします。失敗を指摘されると、さらに自己肯定感は低下しやすくなります。失敗を指摘されたくないと思うと、焦り、苛立ち、怒りを抱くこともあります。

失敗を指摘された人が見せる取り繕う態度は、指摘した人にとってみれば「言い訳」のように認識されるかもしれません。そうすると、指摘した人は強い口調でさらに失敗を指摘し、叱りたくなるかもしれません。しかし、その失敗が何らかの疾患や薬によるもので、単なる不注意によるものではなかったとしたら、失敗をことさら指摘するのは望ましい対応とは言えません。認知症のある人の取り繕う行動は、「取り繕い反応」という表現で医学書に記されていることがあります。この「取り繕い」という言葉は、私たちにもの忘れで困っている人へのマイナスのイメージをもたらすのではないかと、筆者は思うことがあります。もの忘れで困っている人は望んで取り繕っているわけではなく、失敗を指摘する人との関係をなんとかして保とうとしているのに過ぎないのではないかと思います。「取り繕い反応」というよりも、不安定になりそうな対人関係をなんとかして安定させようとする、適応的な行動として考えた方がよいのではないでしょうか。

少し話がそれましたが、もの忘れが増えている人が適切なタイミングで医療機関の受診につながるためには、いきなり受診を勧めるよりも、まずはこうした心情を理解し、苦痛を想像することが求められます。「間違いや失敗を繰り返してしまうと、誰しも自信がなくなり、不安になるものだけれど大丈夫でしょうか？」「困る事があれば、遠慮なく言ってほしいと思っています」のように伝え、打ち明けてくれたら耳を傾け、その心情に理解を示す態度をとることが、まずは求められる対応と言えるでしょう。そして「もの忘れの原因として身体の病気が隠れていることがあるし、早めに受診して回復する人もいるようです」「あなただけで受診について悩むのはつらいと思うので、保健師に連絡してもよろしいでしょうか」と、本人だけではなく、保健師の協力も得られるよう、確実につなぐことができれば理想的です。

③もの忘れの自覚がないわけではない

もの忘れのある人への支援に際して、「認知症のある人はもの忘れの自覚がない」という意見を聞くことがあります。確かに医学書にはそうした記載が見受けられます。もの忘れを指摘すると、取り繕い反応として、「そんなに困っていません」と言われることがあるかもしれません。そうすると、指摘した人は「わかってもらえなくて、どうにもならない」と思いやすくなり、支援をあきらめてしまい、必要な支援につながりにくくなることがあります。この「もの忘れなんてありません」「私は困っていません」というのも、失敗が指摘され仕事を失うこと、周囲の人との対人関係を失うことへの恐れや不安が強まり、なんとか立て直したいという判断に基づく発言と考えることはできないでしょうか。

指摘したことが否定されると、「わかってない」と思ってしまうかもしれません。しかし、様々な疾患あるいは認知症性疾患によってもの忘れが増えている人は、多くの場合、もの忘れの自覚がありながらもなんとかしようともがいているものです。支援をあきらめず、抱いている心情を想像し、支援の手を差し伸べ続けることが大切です。

もの忘れの原因には認知症性疾患ばかりではなく、回復可能性のある疾患や薬があること、早めに気づいたらそうした原因を調べるために受診につなぐ必要性、もの忘れのある人の心情に理解を示し支援することの必要性を中心に整理しました。もの忘れにともなって困り事が増えている人が、適切に気づかれ、その心情が理解され、支援されやすい職場が少しでも増えることを願っています。

6 気分の調子が高い様子に気づいた時に気をつけたいこと

いつも穏やかだった同僚や部下の気分の調子が高い様子に気づいた時、どうするでしょうか。いつも以上にはつらつとした表情で妙におしゃべりになり、話が長くなる程度の気分の調子の高さであれば、なんとなくそっと見守っておきたいというのが一般的な反応かもしれません。それでは、さらに気分の調子が高くなり、イライラして怒りっぽくなるとどうでしょう。距離を置いて遠くから見守り、自分には害が及ばないようにしたくなりそうです。ですが、管理職はそうはいきません。なぜなら、怒りっぽくなることは児童・生徒に影響を及ぼします。叱る必要のない場面で児童・生徒を叱りつけてしまうことが繰り返されると、児童・生徒に望ましくない影響がもたらされます。自分勝手な振る舞いが学級や授業の運営に波及すると、教育の質は低下します。こうした状況が続けば、保護者からのクレームも生まれます。同僚との関係もギクシャクとしたものになり、職員室の雰囲気も悪くなりそうです。

気分の調子が高くなり、イライラして怒りっぽい人には、誰しも近づきたくなくなるものです。しかし、その気分の調子の高い理由が、その人の性格ではなく、何らかの疾患によるものだったとしたらどうでしょうか。ここでは、同僚や部下の気分の調子の高さに気づいた時に、どんな対応が望ましいかについて整理したいと思います。

❶気分の調子が高くなるとどうなるのか？

もともと気分の調子が高めな傾向があることや、日によって気分の調子の上がり下がりがある場合には、特に問題にはなりません。それはその人の人柄、性格に起因していることが大半です。

一方、もともと穏やかな人が、何週間にもわたって気分の調子が高い状態が続くことがあります。こうした持続する気分の調子が高い状態を「躁状態」と呼びます。躁状態になると、気分は高揚し爽快になります。その程度が高まると、不機嫌さ、イライラ感をともない、情緒が不安定になります。話す内容は飛躍しやすくなり、振る舞いは尊大になります。「自分は○○家の末裔だ」などのように、誇大的な話をするようになることもあります。ギャンブルや買い物をし過ぎるようになる人もいて、その結果、多額の借金をこしらえてしまうこともあります。程度が軽ければ、寝る間を惜しんで仕事に没頭できるかもしれませんが、躁状態の程度によっては注意が散漫になり、周囲の人たちと衝突しやすくなるため、業務上の支障が生じてしまうこともあります。

このように、躁状態は本人と周囲に不利益をもたらすので、気分がよいのであれば関わらなくてよいというわけではないのです。対人関係にも様々な悪影響をもたらすため、重層的な対人関係を調整することが求められる教員の仕事を考えると、放っておくわけにはいきません。躁状態の程度が軽いうちに早めに周囲が察知して、回復のための支援につなげたいものです。

❷躁状態の人への具体的な対応

①「躁状態＝躁うつ病」ではない

躁状態と聞くと、躁うつ病を思い浮かべる人が多いかもしれません。ですから、「躁状態なら精神科受診だ」と思いたくなるかもしれません。ところが、躁状態の原因は躁うつ病ばかりではありません。躁状態を引き起こすことのある身体疾患があります。脳の炎症、変性疾患、外傷、腫瘍など、中枢神経系の疾患によって躁状態が生じることがあります。あるいは、甲状腺疾患、クッシング症候群などのホルモン異常を引き起こす内分泌疾患でも躁状態が生じることがあります。

また、薬が躁状態の原因になることもあります。自己免疫疾患などいくつかの疾患の治療で使用されるステロイド薬は、躁状態を引き起こす可能性のある薬剤として比較的有名です。うつ病の治療で使用される抗うつ薬も、躁状態の原因になることがあります。

覚せい剤などの違法薬物の中にも、躁状態を引き起こすものがあります。また、厳密には躁状態とは言えませんが、睡眠薬や抗不安薬が躁状態にとてもよく似た状態を引き起こすことがあります。

このように、躁状態の原因は躁うつ病ばかりではなく、身体疾患や使用している薬が原因になることもあります。精神科を受診すると、こうした身体疾患や薬が原因になっている可能性を考慮して、丁寧に問診、診察を受けることができることもありますが、これまで述べてきた通り、精神医療は標準化が不足しています。身体疾患や薬の評価については、保健師が得意です。同僚が躁状態かもしれないことに気づいたら、まずは保健師に相談するのがよさそうです。

②躁状態の人を保健師、医療につなぐために

とはいえ、躁状態の人を保健師、医療につなぐのは、それほど容易なことではありません。「ちょっとテンションが高いから保健師に相談しよう」と伝えても、たいていは「いや、そんなことはありません」「だってこんなに調子がいいのだから、そんな必要はありません」と言われるか、躁状態による情緒の不安定さも手伝って怒りだしてしまうかもしれません。

躁状態の人に保健師への相談の必要性を感じてもらうためには、躁状態の人の心情を想像し、躁状態が生じることによる困難さに理解を示すことが求められるように思われ

ます。躁状態になると気分がいいのだから、本人に困難さの自覚はないのではないかと思われるかもしれません。しかし、躁状態の人と話をしていると、躁状態による困難さを自覚している人が少なくないように感じます。それまでなかった情緒の不安定さに戸惑いを抱くでしょうし、言う必要のない言葉で他人を傷つけ、対人関係がギクシャクしてしまうことに、怒りや苛立ちで表現しているかのように見えて、実は後悔の念を抱いているように見受けられることもあります。

ですから、「以前はなかった気分の変化に戸惑うことがあるのではないでしょうか」「他人との関係が不安定になり、後悔することはないでしょうか」と、抱かれやすい心情について伝え、本人の心情に理解を示すことができるとよいでしょう。そして、「気分や体調がよい方向に向かうことに問題を感じていないかもしれません」「しかし、よ過ぎる方向に変化する場合、身体の病気や服用している薬が潜んでいることは少なくないようです」「児童・生徒との関係や、学級、授業の運営に先生の心身の変化が影響してしまい、好ましくない状況になるとしたら、なんとか手助けしたいと思っています」と伝えながら、保健師との面談につなぐことができるとよいでしょう。

同僚や部下に躁状態が生じた時、どのような対応が職場で求められるかについて整理してみました。躁状態はそれほど頻度の多いものではありません。児童・生徒との関係不調、職場の同僚との関係不和の背景に、教員の躁状態が潜んでいることがありますので、取り上げることにしました。躁状態になることがあっても、周囲に気づかれ、軽症のうちに適切な支援につながり、原因が明らかにされ、本人の回復と安定した学校経営に寄与することを願ってやみません。

7 著しい痩せに気づいた時に気をつけたいこと

同僚や部下の著しい痩せに気づいた時、どうしたらよいでしょうか。ここで取り上げたい「著しい痩せ」とは、悪性腫瘍などの身体疾患による痩せを除いて述べます。若い活気のある教員に著しい痩せが生じた時、特に女性にそうした状況が生じている時を取り上げたいと思います。察しのよい先生でしたら、「摂食障害のこと」とお考えいただけるでしょう。摂食障害は、中学生や高校生といった思春期女性に多い傾向があるのですでによくご存知かもしれません。では、生徒ではなく、同僚や部下の女性教員に摂食障害が生じたらどうでしょう。

摂食障害が生じる背景には、その人のストレス状況への対処特性、家族との関係性など、様々な要因があります。職場にいる人たちが摂食障害について理解を深めておくことは、摂食障害のある教員の回復に寄与することが期待できます。そこでここでは、教員に摂食障害、特に著しい痩せが生じる神経性やせ症がある時、職場の管理職や同僚の教員たちに求められることについて整理したいと思います。

❶神経性やせ症とは

①神経性やせ症が生じるとどうなるのか?

神経性やせ症になると、痩せているのに活発に活動する時期が生じます。朝一番に学校に来てせっせと業務を始め、長く残業をしている神経性やせ症の教員に出会ったことがあります。ある程度までの体重を保つことができた間は、とても活発で気が利き、周囲から痩せを心配されつつも概ね高評価のようでした。しかし、体重が一定のラインを超えて減少してくると、次第に疲労感、筋力の低下をともなうようになります。痩せの影響で抑うつや不安、こだわりの強さも見られるようになります。集中力、注意力は低下し、業務の能率も低下します。無月経、脈拍数の減少、血圧の低下など、身体面への影響が色濃くなると、やがて学級や授業の運営、児童・生徒との関係、同僚との関係にもマイナスの影響が生じやすくなります。身体面への影響が大きくなると、最悪の場合、死亡してしまうこともあります。ですから、神経性やせ症が生じてしまうと、児童・生徒、職場における対人関係に大きな影響が生じますので、管理職は無視できない状況になります。

②神経性やせ症が生じる背景

神経性やせ症が生じるメカニズムについては、様々な議論があります。多くは、ダイエットを契機に発症します。体重をうまく減らせると、一時的に達成感や充実感を体験することができます。達成感や充実感を求め、さらに極端なダイエットを追求するようになります。多くの場合、人は体重をコントロールすること以外の活動や対人関係を通して達成感、充実感を得ることができるものです。ところが、長らく自己肯定感が低く、自尊感情の乏しい状況が続いていると、いくら頑張っていても達成感、充実感を得にくくなってしまいます。達成感、充実感を得られない状況が続く中、たまたまダイエットに出会い、そこで体重をコントロールすることによる達成感、充実感を体験してしまうと、ダイエットとそれによる体重減少を繰り返しやすくなるというのは、理解しやすいかもしれません。このように神経性やせ症が生じる背景には、その人の自己肯定感の低さがあるようです。

③神経性やせ症のある人が抱きやすい心情

それでは、同僚や部下に神経性やせ症がある教員がいる場合に、どのような対応が求められるのでしょうか。適切な対応のためには、神経性やせ症のある人が抱きやすい心情を理解する必要があります。

神経性やせ症のある人は、抑うつや不安を抱いていることが少なくありません。自己肯定感が低いために、周囲から悪く思われているのではないか、能力が低いと思われているのではないかと、他者からの評価を気にしやすくなります。そして、仕事や私生活における心配や困り事があっても、誰かに相談すること、打ち明けることが苦手になります。また、体重が増えることに対しては強い恐れを抱いています。体重を減らすことで達成感、充実感を得てなんとか自己肯定感を底上げしていたわけですから、体重が増えるということに対して強い抵抗を示すのも当然です。ですから、体重を増やされるかもしれない医療機関の受診を拒絶されることも比較的多く見受けられます。医療機関の受診を勧める立場になる保健師との面談も、拒まれてしまうことが少なくありません。

一方で、「体重を増やしたくない」「でも体重を増やして元気になりたい」という、両価的な考えを抱いていることも特徴的です。この両価的な考え自体が苦しい思いを生み出すというところも、周囲の人が神経性やせ症のある人が抱く苦悩を理解する上で、重要な点と言えます。

❷神経性やせ症のある人への対応

①理解と支援

神経性やせ症はダイエット、体重減少のスパイラルに陥ると、身体的にも重篤化し、最悪の場合、死に至ることもあります。ですからなるべく軽症のうちに支援につながり、回復できることが望ましいでしょう。だからといって「あなたは神経性やせ症という病気です」「重症化すると死に至ることもあるからすぐに精神科を受診しましょう」と伝えるのは適切とは言えません。すでに述べた通り、神経性やせ症のある人は体重が増えることへの強い恐れがあるので、そもそも医療機関を受診したくないとの思いを抱きやすいのです。したがって、業務命令のような態度で精神科受診を促しても、かえって神経性やせ症のある人との関係がぎくしゃくしてしまいます。

まずは、体重が減っているように見受けられること、体重が減ることで倦怠感、疲労感が生じること、それによって仕事が思うようにいかないことなど、予想される状況を伝え、心配していること、回復してほしいことを率直に伝えることができるとよいでしょう。こうしたやりとりを重ねて信頼関係が構築できたら、体重が減ることによってその人が得ているメリットについて尋ねるとよいでしょう。「体重が減ると安心する、期待した体重減少を得られると満足する、自信を取り戻せるという人が少なくないようです」「体重が減り過ぎると様々なデメリットがありますが、あなたの場合にもこうしたメリットがもしかしたらありますか」と尋ねることができるとよいでしょう。そしてそのメリットがあること、体重を減らしたいとの思いを否定せず、理解を示すことができるとよいでしょう。そして「誰しも安心したい、満足したい、自信を取り戻したいと思うものです」「ですから体重を減らしたいと思うのも当然です」「一方で、体重が減り過ぎると安心や満足どころか、体が疲れ果ててしまい仕事も手につかなくなりかねないというデメリットもありますね」と、体重減少にともなうデメリットがあること、懸念を伝えることができるとよいでしょう。

さらに、「体重を減らしたい、でも体重に振り回されず元気でいたいという、まったく正反対の思いがあるのではないでしょうか」「こうした正反対の思いをもち続けるということは、悩みを深め、苦しくなるのではないでしょうか」のように、両価的な考えをもっていることと、それにともなう苦痛に理解を示すことができるとよいでしょう。その上で、「こうした状態になる背景には、様々な理由で自分自身への自己評価が低くなりやすいこと、自己評価をなんとか保とうとして、気づかないうちに食習慣を変えてしまうことが影響していると言われています」「自己評価の安定のために、食習慣を変えるのではなく、他の対処方法を身につけられるといいですね」「何でも相談できること、打ち明けられること、思いを誰かにわかってもらうことは、自己評価の底上げにつながります」「ですから職場でも私たちに何でも言ってほしいし、助けになりたいと思っています」と支援の姿勢を示すことができるとよいでしょう。

②適切な医療機関・相談機関につなぐために

軽症の場合には、こうした周囲の人たちの理解と支援によって自然と回復していくことがあります。一方、軽症でも背景要因が複雑な場合や、重症化している場合には医療機関を受診する必要があります。残念ながらわが国の精神医療機関の多くは、神経性やせ症の診療が苦手です。勧められて受診をしても、「うちでは診ることができません」と門前払いかたらい回しにあいかねません。したがって、受診が必要と判断された場合には、神経性やせ症を診療することのできる医療機関や相談機関に確実につなぐことが重要です。

保健師は地域の情報をもっています。教育委員会に保健師がいる場合には、彼らに相談できるとよいでしょう。保健師がいなくても、地域の精神保健福祉センターに相談すると、医療機関の情報、本人や家族の相談に対応してくれることが多いようです。こうした相談や受診になかなかつながらない場合には、摂食障害全国基幹センターが運営している摂食障害情報ポータルサイト（http://www.edportal.jp）の閲覧を勧めるのも効果的です。

同僚や部下の著しい痩せに気づいた時に求められる理解と対応について整理しました。すでに述べた通り、神経性やせ症は体重が増えることへの恐れをもたらすため、支援につなごうとしても強い抵抗にあうことが少なくありません。相談や受診を勧めるうちに、話をすることを嫌がられ近づいてこなくなってしまうこともあります。しかし、本人が抱きやすい心情を理解し、根気強く手助けすることが、重症化を防ぎ、回復に寄与すると期待できます。少しでも多くの教員が神経性やせ症について理解を深め、教員が神経性やせ症になったとしても回復し、教員の仕事に安定して従事できることを願ってやみません。

8 トラウマインフォームドケア

最後にもう一つだけ知っていただきたいことがあります。これまで述べてきた様々な心の変化があり好不調を繰り返す人の中には、時々、心に傷を負っている人がいます。子どもの頃に両親や大人から激しい暴力を受ける、目の前で両親が口論を繰り返す、性的な嫌がらせを受けるなど、児童期の逆境的体験は、成人以降の様々な精神疾患のリスクを高めることが指摘されています。また、成人になってからのドメスティック・バイオレンス被害、性被害の体験も、様々な心の変化を引き起こす理由になります。こうした心の傷、トラウマは十分な手当がされないまま放置されると、後になって気分、認識の仕方、対人関係、覚醒度（睡眠）、聴覚や視覚などの感覚、記憶など、心や体にある様々な機能の調節に困難さをもたらすことがあります。こうしたトラウマがあり回復が十分ではない人は、上司や同僚による指導的な対応、やや批判的な態度が再トラウマ化を引き起こすことがあります。身近な人から指導的、批判的な態度をとられるという体験は、被害を受けている時と類似する状況になるため、被害当時の記憶や感情がよみがえりやすくなります。

　メンタルヘルスの不調が複雑化、長期化している理由として、トラウマが関与していることは珍しいことではありません。そして複雑化、長期化している人に対して、管理職や同僚は指導的、批判的になりがちです。不調の複雑化、長期化は職場の多忙感を高め、公平さを不安定にするため、不調な人に対して指導的、批判的になりやすいものです。そうした態度は、再トラウマ化をもたらします。

　不調が長引いている人の場合には、トラウマになる体験があるのかもしれない、その体験の記憶が今も影響し、心と体を不安定にしているのかもしれないという理解は、不調になりがちな人を責める態度を弱め、温和な態度を取り戻す力になるでしょう。こうしたトラウマの知識をもち、理解を深め対応することを「トラウマインフォームドケア」と言います。職場におけるメンタルヘルス支援だけではなく、学校における児童・生徒に行動の変化が生じた際にも、トラウマインフォームドケアを理解しておくことは教員の強い力になるでしょう。関心のある方は『トラウマインフォームドケア〝問題行動〟を捉えなおす援助の視点』（野坂祐子著 日本評論社）をご一読いただくことをお勧めします。

ここまで、同僚や部下に様々な変化やいつもと違う様子が見られた時に、求められる理解と望ましい対応について述べました。大切なことは、メンタルヘルスの不調から生じる心情を想像することです。その想像は望ましい態度を生み出します。メンタルヘルスの不調について理解を深めることは、不調な人の心情を想像する力を養うでしょう。

とはいえ、教員の本務は子どもたちに教育を届けることです。そして、日本の教員は世界一多忙です。職場におけるメンタルヘルス支援には難しいところが多いことでしょう。まずは日頃から職場で何気ない会話を増やすことから始め、それを積み重ねていくことで気軽な相談が生まれやすい職場づくりへとつなげていきましょう。

第8章

メンタルヘルス不調が生まれにくくなるための工夫

教員のメンタルヘルスの現状を整理し、教員自身、管理職、教育委員会、これから教員になりたい人が意識したいこと、職場で同僚や部下の様々な不調のサインに気づいた時にしたい対応について述べてきました。すでに述べた通り、できればメンタルヘルス不調が生まれないようにしたいものですが、そのための確実な方法はありません。ですから教員のメンタルヘルス支援というと、とかく復職支援ばかりが議論されがちです。確実ではないとしても、少しでも効果的な方法があれば、それを実践したいものです。なぜならば、教員の不調は本人の苦痛だけではなく、児童・生徒にもその影響が及ぶからです。筆者はある自治体の取り組みに関わる中で、教員を対象としたメンタルヘルス不調が生まれにくくなるための介入の効果を検証する機会を得ることができました。ここではメンタルヘルス不調を予防するための方法と効果について述べた上で、啓発や研修をはじめとした包括的な取り組みについて述べたいと思います。

1 教員のメンタルヘルス不調に関連する要因

教員のメンタルヘルス不調が生まれにくくなるためには、不調に関連する要因を明らかにし、その要因にどのような介入をおこなうかを検討し、検討した介入方法の有効性を検証して有効性があれば広く実施できるよう関係機関と調整していくことが求められます。そこで筆者は、産業精神医学の専門家と相談し、過去の様々な研究を紐解きました。教員のメンタルヘルス不調に関連する要因については、教員の燃え尽き症候群を対象とした調査が数多くおこなわれています。いくつかの研究では、教員の燃え尽き症候群には、教員としての経験年数の少なさ、若年であることが関連していることが示されていました。(1〜4) とはいえ、経験年数が少ないことや若年であることは、何らかの介入によって変えることはできません。若い教員を雇用し、現場で経験させせなくては教員を育成することはできません。もちろん、若い教員が燃え尽き症候群に至らないようにすることを意図した育成の仕組みは考えた方がよいかもしれません。

また別の研究では、教員の燃え尽き症候群、業務上のストレス状況には、社会的支援、すなわち相談しやすい状況の不足が関与していることが明らかにされました。(1・5・6) これを踏まえると、教員が困った時にいつでも相談しやすい状況をつくっておくということは意義がありそうです。筆者が関わっている自治体では、いつでも相談しやすい状況を保健師、校長等管理職を中心に構築してきました。それでも限界があります。相談しやすい状況をつくっても、相談しようという行動が生まれなければ、相談しやすくするためのシステムは有効になりません。

一方、教員の燃え尽き症候群、業務上のストレス状況には、教員個人のストレスマネジメントスキルが関与しているという研究報告もあります[1~4]。また、経験の少ない若年教員の精神的健康度に関連する要因に関する研究によれば、業務上のストレス要因よりも、教員個人のストレスマネジメントスキルが、精神健康度と統計学的に有意に相関しているという結果が明らかにされていました[7]。こうした研究結果を踏まえると、教員個人に対して、ストレスマネジメントスキルが良好になるための介入を考えることは、教員のメンタルヘルス不調が生まれにくくなることに寄与することが期待できそうです。

それでは、教員に求められるストレスマネジメントスキルとは、どのようなものなのでしょうか。教員の労働環境には、重層的な対人関係の調整、長時間化しやすい労働量、本務である教育、生徒指導以外の数多くの業務など、困難な状況が横たわっています。したがって、教員が厳しい環境の中でもうまく対処するためには、生じる困難さを受け入れ、解決策を臨機応変に生み出し実行に移すこと、そのための思考の柔軟さ、柔軟な認識の仕方が求められそうです。

2 教員のストレスマネジメントスキルを高めるために

さて、労働者のストレスマネジメントスキルを高める上では、認知行動療法（Cognitive

Behavioral Therapy：ＣＢＴ）が有用であることが研究によって明らかにされています。[8]認知行動療法とは、簡単に言うと、思考内容、気分、行動を取り扱うことによって、適応的なものの受け取り方や考え方を身につけ、それによって気分を改善させようとする、精神療法の1つです。認知行動療法は、よりバランスのとれた適応的な思考を生み出し、そのために必要なCognitive flexibility、すなわち柔軟な認識の仕方を強化することが研究によって明らかにされています。[9,10]

このCognitive flexibility、いわば柔軟な認識の仕方は、以下の3つの要素によって構成されます。[11]

①困難な状況を受け入れコントロール可能にする傾向
②人生における出来事や人の行為に対して様々な角度から多様に解釈し、受け入れる能力
③困難な状況において様々な角度から多様な解決策を生み出す能力

これら3つの要素を眺めてみると、柔軟な認識の仕方を強化することができると、教員のメンタルヘルス不調を生まれにくくすることができそうです。そのためには、柔軟な認識の仕方を強化する効果をもつ認知行動療法が教員に対して実施できるとよいよう

に思われます。

❶教員に対して認知行動療法を実施することは可能か？

認知行動療法に柔軟な認識の仕方を強化する効果があるのであれば、すぐさますべての教員に実施したくなります。しかし本来、認知行動療法はセラピストとクライエントが1対1でおこなう精神療法の技法の1つです。大勢の教員一人ひとりに認知行動療法をおこなうことは、時間とマンパワーという理由で現実的ではありません。認知行動療法の1回のセッションは30～60分かかりますし、セッションごとにホームワークを課します。これでは認知行動療法を受ける教員をさらに忙しくさせ、負担をかけてしまいます。なんとかして、教員の負担を減らしつつ認知行動療法の効果を提供することはできないものでしょうか。

海外では短時間のセッションで、いつでもどこでも実施可能なウェブによるサービスを活用した認知行動療法（Web-Based CBT）が、労働者のメンタルヘルスを改善させることが報告されています。Web-Based CBTは、認知行動療法の原理について集団研修の場で学び、その後に各人が都合のよい時にPCやスマートフォンを用いてウェブサービスによって認知行動療法をおこなうというものです。日本でも、Web-Based CBTが労働者の苦痛を緩和し、Cognitive flexibilityを高める効果が報告されています(12·13)。

Web-Based CBTを教員の研修に活用することができれば、教員のメンタルヘルス不調が生まれにくくなることに大きく寄与しそうです。しかし、教員を対象にWeb-Based CBTの効果を調査した研究は、国内にも海外にも存在しません。教員にも研修運営側にもそれほどの負担をかけないWeb-Based CBTといえども、教員に対する効果が明らかでなければ、多忙な教員、研修を運営する教育委員会に対して、安易に勧めることはできません。そこで筆者らは、教員を対象にWeb-Based CBTを活用した簡易な研修を開催し、それが教員のCognitive flexibility向上とストレス状況の緩和に寄与するかどうか調査することにしました。

❷教員を対象としたWeb-Based CBTの効果検証

筆者らは、ある自治体の教育委員会所属の保健師、研修担当指導主事、事務担当者と話し合い、採用5年目の公立小学校教員を対象とすることにしました。それは、採用5年目は異動を直前に控えており、異動後はメンタルヘルス不調のハイリスク期間だからです。教育委員会としても、異動後の不調になるリスクを減らしたいですし、調査をする筆者らも、ハイリスクな人たちに有効性が確認されれば、Web-Based CBTを活用する根拠が強まると考えたからです。

対象となる公立小学校教員は241名、有効性を確認するために、Web-Based CBT

を活用した研修を受けるグループと受けないグループの2群に受講者を分け、受講前後に「Cognitive flexibility」と「主観的ストレスの自覚」を、オリジナルに作成した自記式の質問票を用いて評価しました。受講しない群が不利益を受けないよう、調査終了後に同じ研修を受けることができるようにしました。人事考課には影響しないことを十分に説明し、同意を得られた２４０名が研修を受講、調査対象になりました。

研修は座学とグループワークに分けられ、研修後は各人にWeb-Based CBTを実施していただくようにしました。座学研修では、認知行動療法の概要、ストレス対処方法として認知行動療法を学ぶ意義についてレクチャーしました。グループワークでは、認知行動療法で用いられるコラムシートを実際に使用していただき、「考え方のクセ」「適応的思考の生み出し方」を数名のグループで実際におこなっていただきました。最後にWeb-Based CBTのサービス（こころのスキルアップ・トレーニング https://www.cbtjp.net）の利用方法について説明をしました。

研修受講後は、多忙な教員にWeb-Based CBTを3回以上はおこなっていただけるよう、保健師から実践を促すためのメールを3か月の間に6回送信しました。

その結果、「Cognitive flexibility」に関連した質問項目である「ストレスに自分で対処できる自信がある」「発想を切り替えることができる」と、「主観的ストレス」に関する質問項目では、研修を受けた群で研修を受けていない群に比較して統計学的に有意な効果を確認することができました。「Cognitive flexibility」に関するもう一つの質問項目である「問題解決の際に多くの選択肢を考えることができる」については、統計学的な有意差を確認することはできませんでしたが、研修を受けた群の方が改善している傾向が認められました。

❸研究結果を踏まえて言えること

今回の筆者らの研究によって、Web-Based CBTは教員のCognitive flexibilityを改善する効果が期待できるかもしれないことがわかりました。そしてそのことは、Web-Based CBTをおこなうことによって、教員のメンタルヘルス不調が生まれにくくなるかもしれないという期待を抱かせてくれます。

教員の燃え尽き症候群に関する研究によって、教員の燃え尽き症候群を避けるためには、教員が現状を的確に認識し、柔軟な対応をおこなえることが必要になると指摘されています[14〜16]。つまり、教員のメンタルヘルス不調が生まれにくくなるためには、教員が高いCognitive flexibilityを身につけて、現実的で適応的なストレスマネジメントスキルを身につけることが求められると言えます。

また、Cognitive flexibilityとは、「解決困難な状況で1つの対処をあきらめ、他の対処に切り替えられる能力や傾向である」とも言われています[17]。教員に生じやすい困難な状況の多くは、解決が簡単ではない児童・生徒や保護者との問題です。こうした点で、教員のストレスマネジメントスキルにはCognitive flexibilityが重要と言えるのではないでしょうか。

メンタルヘルスという点だけではなく、Cognitive flexibilityは、教員が業務を円滑に進めていく上でも重要と言えるかもしれません。Cognitive flexibilityが、迅速な判断をする力やわずかな環境の変化に気づき対応する力を高める可能性があるとの指摘もあります[18,19]。教員は日々、次々と生じる問題に迅速に対処することが求められます。児童・生徒、彼らがつくる学級という集団は、日々変化する「生き物」です。児童・生徒や学級の雰囲気の変化を素早く察知し対処することが、教員の業務においては重要と言えます。このように、教員の業務という点を考慮しても、Cognitive flexibilityはとても重要で、Cognitive flexibilityの高い教員は問題の拡大を防止し、自らストレス要因を減らしているのかもしれません。

認知行動療法による労働者への介入は、彼らの抑うつ、不安、ストレス状況を軽減できると指摘されています[20〜23]。とはいえ、認知行動療法には多くの時間と専門家の継続的な関与が必要で、汎用性が十分とは言えません。一方、Web-Based CBTのように簡易的な工夫が凝らされた認知行動療法は、労働者への介入方法として期待できることが多くの研究で示されています[24〜29]。

しかし、いくら簡易的なものに工夫されているとしても、Web-Based CBTのホームワークを受けるようにと頻回にメールを送ることは、多忙な教員の負担感を高める可能性が懸念されます。そこで筆者らの研究では、教員が少しでも認知行動療法の原理を理解し、Web-Based CBTをおこないたくなるよう、「簡便さ」と「モチベーション」に十分な配慮をおこないました。「簡便さ」という点では、集団研修を120分に絞り、ホームワークは30分程度に過ぎないことを伝えるとともに、Web-Based CBTをおこなうことのメリットを丁寧に説明しました。集団研修は業務時間内に受講できるようにし、モチベーションが維持されやすくなるよう、日頃のねぎらいのメッセージを添えつつ、Web-Based CBTをおこなうメリットを記したメールを3か月の間に6回送信しました。教員を対象にWeb-Based CBTをおこなうとしたら、こうした「簡便さ」と「モチベーション」の維持のための工夫が鍵になりそうです。

もちろん、筆者らの研究の結果だけで、Web-Based CBTが教員のメンタルヘルス不調を生まれにくくする上で確実な方法であるということを断定することはできません。なぜならば、今回「Cognitive flexibility」と「主観的ストレス」を評価した質問項目は、十分な妥当性が検討された評価尺度を用いていません。これは、妥当性が検討された評価尺度では質問項目が多いため、受講者である教員に与える負担が大きくなることを避けたかったためです。ですから、教員の「Cognitive flexibility」と「主観的ストレス」

改善のために、Web-Based CBTは効果があると断言することはできません。また、1つの自治体の採用5年目の小学校教員に有効性が認められたに過ぎないので、すべての自治体のすべての教員に有効であると断言するわけにもいきません。それから、集団研修受講後に、Web-Based CBTのホームワークを各人が何回程度実施できたかをフォローアップして確認することもできませんでした。さらには、受講者の負担を減らすため、介入後の評価は3か月後の1時点のみだったので、Web-Based CBTが長期的に有効かどうかを判断することも困難です。これらの研究上の限界を解消し、教員のメンタルヘルスに対するWeb-Based CBTの有効性を明らかにするためには、複数の自治体でホームワークの回数を評価し、研修受講後長期にわたるフォローアップをするための研究が求められます。

とはいえ、少なくとも今回の筆者らの研究によって、教員の「Cognitive flexibility」と「主観的ストレスの自覚」について、簡易的になるよう工夫されたWeb-Based CBTを用いた研修に有効性があることが示唆されました。そして**図2-3**（47頁）の通り、採用5年目の教員を対象とした研修を開始以降、異動後2年以内の教員のうち、異動後2年以内に精神疾患によって休職した教員の占める割合は減少傾向を認めました。

ところが、その後、筆者が関与している自治体では様々な理由で採用5年目の教員を対象とする研修が実施できなくなりました。そして、異動後2年以内の精神疾患による休職者数、精神疾患による休職者の総数が増加傾向に転じています。

こうした変化にはWeb-Based CBT以外の様々な要因も関与しているので、Web-Based CBTだけが有効とは言えませんが、その効果は期待できますし、研修やWeb-Based CBTが教員に与える負担、Web-Based CBTサービスを用いることのコストは比較的安価です。メンタルヘルス不調に悩む教員を1人でも減らし、メンタルヘルス不調になったとしても軽症のまま回復し、教員のメンタルヘルス不調の児童・生徒に及ぼす影響が最小化されるために、教員を対象とした研修の中にWeb-Based CBTの原理を活用した研修が全国に広まることが期待されます。

3 教員が不調になりにくくなるための包括的な取り組み

これまで本書では教員のメンタルヘルス支援のために、教員自身、校長等管理職、教育委員会、これから教員になりたい人に求められることを整理しました。そして最後に教員が不調になりにくくなるために効果が期待される認知行動療法の手法を利用したWeb-Based CBTについて触れました。

しかし教員を対象とするWeb-Based CBTをするにしても、どの集団を対象に、どのようにして実施するかを考える必要があります。教員に求められている研修は数多く、むやみに研修をしても教員の負担になります。教員が不調になりにくくなる支援の仕組みを考えるためには、研修も含めて包括的に検討、実施し、その効果を検証しながら見直していく必要があります。ここでは筆者が関わっている自治体の取り組みについて具体的に整理したいと思います。

❶メンタルヘルスに関する啓発資材の開発と広報

メンタルヘルス不調が発生しないようにするためには、教員自身がセルフケアを意識すること、校長等管理職が教員のメンタルヘルスを意識して行動することが求められます。そのためにはメンタルヘルスに関して理解を深めることが重要です。

教員、校長等管理職がメンタルヘルスに関する理解を深めるためには、まずメンタルヘルスに関心をもつこと、理解を深めるための資材が必要になります。これを実現するために、筆者が関わっている自治体では、自治体および教育委員会が教員のメンタルヘルス支援のための指針を策定し公開しました。これにより、自治体が教員を支援する姿勢を明確にアナウンスしたと言えます。さらに、校長等管理職向けの啓発資材として、管理職のためのメンタルヘルスガイドを開発し、冊子にまとめて校長会で広報し、全校へ配布しました。

しかしこれだけでは不十分です。効果的な啓発のためには、伝えたい情報をまとめるだけではなく、効果的に届ける必要があります。一度、紙媒体で届けただけでは忘れられてしまいます。そこで紙媒体のガイドを電子化し、教員自身への啓発のための情報も電子化し、教員が日頃閲覧するウェブシステムにメンタルヘルスの啓発を短いフレーズで表現したバナーを掲載し、バナーをクリックするとガイドを含む啓発資材へ誘導される仕組みを整えました。その効果は評価されていませんが、教員、校長等管理職の多忙さを考慮しながら、効率よく効果的に啓発する方法を自治体の関係者で検討して取り組むことが不可欠です。

❷教員向けの研修

教員向けの研修も、効率と効果を考え、研修対象を絞り込むことが求められます。研修の効果を最大化するための研修方法としては、教育理論に基づけば、自らメンタルヘルスについて職場の教員に講義をしてもらうとよいのですが、それは教員の負担を増やしてしまいます。ですから、せめて座学であっても受講者が眠くならない内容の工夫や、ワークショップ形式を取り入れた研修にすることができるとよいでしょう。

研修対象は、採用初年度、最初の異動前後（5年目か6年目）としています。研修内容は、保健師による健康管理全般の講義30分、精神科医によるメンタルヘルスに絞った講義40分としています。不調になりにくい人を育てることと不調が起こりにくい職場をつくることを意図した研修にするためには、メンタルヘルス不調と援助希求行動に関する理解が深まる内容にすることができるとよいでしょう。

以前はワークショップ形式を取り入れ、異動前後の教員対象にはWeb-Based CBTのための集団研修をおこないましたが、経費と他の研修との兼ね合いから、現在は実施できていません。座学のみに変更されてから数年が経過していますが、２０１７年度以降、精神疾患による新規傷病休暇取得者数、新規休職者数が増加傾向を示し始めました。研修内容の変更との因果関係についてはこれから検討される予定ですが、研修内容の再検討の必要性を感じています。ベテラン教員が減り、若手教員が増える中で、世代による業務負担にも変化が生じています。休職者の年齢構成を踏まえて、研修対象を見直す必要性も感じています。

❸校長等管理職向けの研修

校長等管理職向けの研修は、メンタルヘルス支援の基本的な内容に加えて、教員とのコミュニケーションの重要性、教員の援助希求行動、組織公平性に関する解説を取り入れ、精神科医による座学を60分、6~8名の小グループによるワークショップで構成しています。ワークショップでは、メンタルヘルス不調の事例を提示し、校長等管理職に求められる対応について具体的に議論をしてもらい、各グループでの発表をしてもらいます。議論では、不調者が生まれにくくなる職場づくりも念頭に置いて職場でできることを具体的に議論してもらいます。

以前は新任主幹教諭、新任副校長、新任校長、全校長を対象に研修が重ねられてきましたが、数年前から他の研修との調整の結果、研修対象が減りました。前述の通り、取り組みを開始してから良好な傾向が認められてきましたが、2017年度から精神疾患による新規休職者数の増加傾向を認めています。研修対象を見直す必要性がありそうです。

❹教育研修部門との連携

啓発、研修が効果を発揮するためには、継続的な取り組みと効果検証、課題抽出、啓発と研修の見直し、というサイクルを絶え間なく回し続ける必要があります。そのためには教育研修部門との連携が欠かせません。どこの組織も縦割りの傾向があり、健康管理担当、人事担当、教育研修担当の部門間連携は乏しくなりがちです。筆者が関わっている自治体では、保健師が縦割りを打破しようと頑張っていますが、教育研修部門との連携をもう少し丁寧に図るため、筆者が働きかける必要があったと、最近反省しています。

教員、校長等管理職に必要な研修は数多くあります。メンタルヘルス支援の取り組みが進み、精神疾患による休職者数に良好な変化が生じると、メンタルヘルスのための研修は削減されやすくなります。啓発活動が効果を発揮するためには、継続的な取り組みが求められることについて、健康管理部門と教育研修部門が折に触れて共有できる場が求められます。

❺教員の働き方改革との連携

教員のメンタルヘルス支援の本丸は、いわゆる「働き方改革」の促進だと考えています。教員自身と校長等管理職がいくらメンタルヘルスのために大切なことを意識しても、教員はあまりに忙し過ぎます。部活動指導を含めた業務の削減、行事の見直し、事務的業務を支援する職員配置の見直し、学校が担っている事務的業務の教育委員会への移管など、教員の業務整理はより一層、丁寧かつ迅速に進められることが求められます。

教員のメンタルヘルス支援から得られる相談事例、休職事例と労働時間、業務内容、経験年数等基本属性との関連を分析し、自治体における働き方改革の協議体へ情報提供することは、改革の質と速度に良好な影響をもたらしてくれるでしょう。

本稿執筆中に、文部科学省が毎年公開する公立学校教職員の人事行政状況調査結果の2019年度の結果[30]が報道されました。それによると、精神疾患による休職者数は20

18年度の5212人から5478人に増加していました。精神疾患による休職者数が休職者数全体に占める割合は、2018年度の65・6%から67・2%に増加し、この10年間で最も高い数値となりました。また、2018年度の調査では、新規の条件付き採用教員のうち、精神疾患が理由で依願退職し正式採用にならなかった教員は104人と、前年度とほぼ同数でした。

教員の働き方改革に関する議論にもあるように、労働時間管理、部活動指導や事務的業務の見直しなど、教員の労働環境を調整することは、この人事行政状況調査結果を見れば急務と言えるでしょう。文部科学行政を担う方たちも真剣に取り組んでおられますが、法律、制度が関与しますので、教員の労働環境が是正されるには、議論を尽くしてからも時間を要します。とはいえ、厳しい現場にいる教員が苦しいまま、制度が変わるのを待つというのも望ましいようには思えません。

一方で、教員に対する研修内容は各自治体に委ねられています。労働環境の調整もできるところから手をつけつつ、今回述べたWeb-Based CBTといった、教員が不調になりにくくなるための効果を期待できる研修が全国に広がることも望まれます。そして各自治体で教員を支援するための包括的な取り組みが広まることが、教員の精神疾患による休職者数高止まりの解決に寄与し、教員が自分自身を大切にすることのできる学校をつくることにつながるのではないでしょうか。そうした教員の姿を子どもたちに見せることは、自分自身を尊重し自己肯定感を育むことのできる子どもたちを増やすことにもよい影響を及ぼしてくれそうです。

おわりに

本書を執筆中の２０１９年12月８日、中国湖北省武漢市で原因不明の肺炎が報告されたことに端を発して、２０２０年１月９日に世界保健機関が発表した新型コロナウイルス感染症（COVID－19）は、１月13日にはタイで初めての中国国外例が報告され、１月15日には日本で初めての感染者が報告されました。その後、新型コロナウイルス感染症は瞬く間に世界へ拡がり、メディアからは連日この新興感染症に関する情報が流れています。そして、新型コロナウイルス感染症は学校で働く教員、児童・生徒と保護者の心にも多くの影響をもたらしています。

感染症の流行と対策に関わる情報を見ながら、感染症治療に携わる医療従事者や陽性者への偏見と排除にまつわる哀しい物語を耳にし、予防を強調することの弊害について考えさせられました。予防のための手指衛生やマスクの着用、ソーシャルディスタンスの確保は確かに大切なことです。一方、予防という言葉が強調され過ぎると、人々は疾病への恐れを強め、罹患した人への偏った決めつけを抱くようになり、疾病へのスティグマが強まるようです。罹患した人の中に強まるスティグマは、罹患した人自身の心を傷つけます。「感染したのは私の不注意」「周りに感染の心配をさせて申し訳ない」のように過度な自責感を生み出します。また、罹患していない人の中に強まるスティグマは、「感染した家の子どもとは遊ばせたくない」のような過度な不安と恐れをもたらし、罹患した人の心に傷を与えます。

こうした感染症対策における予防という言葉を強調することの弊害は、メンタルヘルスでも同じだと思われます。精神疾患、メンタルヘルス不調に対して、すでに多くの人々の中にはスティグマがあります。啓発において予防という言葉を強調し過ぎると、そのスティグマを強め、かえって不調な人の心を傷つけてしまいかねません。教員のメンタルヘルス支援においても、そうした視点は重要と言えます。「制度疲労」と言わざるを得ない教員の労働環境の中では、心が参ってしまうのは当然のことであり、予防を強調するよりも、悩みや不調を気軽に相談し合える職場づくりの方が大切なのかもしれません。

そしてやはり、メンタルヘルス支援の本丸が働き方改革であることも、この感染症は教えてくれました。例年ですと不調者が生じやすい4月から6月、新型コロナウイルス感染症のために登校が停止された間、不調者が減るだけではなく、それまで不調だった教員の回復に多く出会いました。ところが、分散登校から一斉登校が始まり、中止が検討されていた行事が再開されるようになると、再び不調者が増加しています。文部科学省が提示した学校業務のスクラップアンドビルドの進捗は、自治体によって大きな差があるようです。地域や保護者、子どもたちへの説明と配慮は求められますが、増えるばかりで減ることのない業務の整理を含めた学校教育システムの抜本的な改革を急ぐことが、教員の健康と子どもたちのために必要であると強く感じています。それはこの国の未来を左右すると言っても言い過ぎではないのではないでしょうか。

本書の刊行に至るまでには、多くの方々からご支援をいただきました。教員のメンタルヘルス支援のフィールドを与えてくださり、折に触れてご指導くださった宮岡等先生と北里大学医学部精神科学教室の皆さん、支援活動を通して多くのことを教えてくださった自治体の保健師さん、事務担当の皆さん、行政の委員会を通して様々なことを教えてくださった板倉寛さん、刊行の機会をくださりご尽力くださった大修館書店編集部の笠倉典和さん、そして出会ったすべての学校教職員の皆さんに深謝申し上げます。

最後にいつも私の健康を気遣い、支えてくれる妻に感謝をして筆を置きます。

２０２１年　２月

大石　智

quality of care in health care settings: a brief review of literature and study outline. SBS HDR Student Conference. 2011, Paper11. <website> http://ro.uow.edu.au/sbshdr/2011/papers/11

(24) Kaltenthaler E, Brazier J, De Nigris E, Tumur I, Ferriter M, Beverley C, et al. Computerised cognitive behaviour therapy for depression and anxiety update: a systematic review and economic evaluation. Health Technol Assess. 2006; 10(33): 1-168.

(25) Kojima R, Fujisawa D, Tajima M, Shibaoka M, Kakinuma M, Shima S, et al. Efficacy of cognitive behavioral therapy training using brief e-mail sessions in the workplace: a controlled clinical trial. Ind Health. 2010; 48(4): 495-502.

(26) Brkic G. ro.uow.edu. 2011 Sep 28. Psychological flexibility as a mechanism of change in the quality of care in health care settings: a brief review of literature and study outline　URL: http://ro.uow.edu.au/cgi/viewcontent.cgi?article=1027&context=sbshdr

(27) Furukawa TA, Horikoshi M, Kawakami N, Kadota M, Sasaki M, Sekiya Y, GENKI Project. Telephone cognitive-behavioral therapy for subthreshold depression and presenteeism in workplace: a randomized controlled trial. PLoS One. 2012; 7(4): e35330.

(28) Crowe M, Whitehead L, Carlyle D, McIntosh V, Jordan J, Joyce P, et al. The process of change in psychotherapy for depression: helping clients to reformulate the problem. J Psychiatr Ment Health Nurs. 2012; 19(8): 681-9.

(29) Powell J, Hamborg T, Stallard N, Burls A, McSorley J, Bennett K, et al. Effectiveness of a web-based cognitive-behavioral tool to improve mental well-being in the general population: randomized controlled trial. J Med Internet Res. 2013; 15(1): e2.

(30) 令和元年度公立学校教職員の人事行政状況調査について：https://www.mext.go.jp/a_menu/shotou/jinji/1411820_00002.htm（2021年１月18日にアクセス）

therapy in improving work performance: a randomized controlled trial. J Occup Health. 2015; 57(2): 169-78.
(14) Chan DW, Hui EK. Burnout and coping among Chinese secondary school teachers in Hong Kong. Br J Educ Psychol. 1995; 65(1): 15-25.
(15) Holahan CJ, Moos RH. Life stressors, resistance factors, and improved psychological functioning: an extension of the stress resistance paradigm. J Pers Soc Psychol. 1990; 58(5): 909-17.
(16) Van Dick R, Wagner U. Stress and strain in teaching: a structural equation approach. Br J Educ Psychol. 2001; 71(2): 243-59.
(17) Scott WA. Cognitive complexity and cognitive flexibility. American Sociological Association. 1962; 25(4): 405-14.
(18) Youmans RJ, Figueroa IJ, Kramarova O. Reactive task-set switching ability, not working memory chapacity predicts change blindness sensitivity. Journal of Human Factors and Ergonomics Society. 2011; 55(1): 914-8.
(19) Ivonne JF, Robert JY. Individual differences in cognitive flexibility predict performance in vigilance tasks. Proceedings of the Human Factors and Ergonomics Society Annual Meeting. 2012; 56: 1099-103.
(20) Klink J, Blonk R, Schene AH, Dijk F. The benefits of interventions for work-related stress. American Journal of Public Health. 2001; 91(2): 270-6.
(21) Judith GP, Philip JC, David EG, Graham D. Cognitive-behavioural training to change attributional style improves employee well-being, job satisfaction, prouctivity, and turnover. Personality and Individual Differences. 2009; 46: 147-53.
(22) Raymond WL, Kevin L, Melady P, Paula M, Anne B. Telephone-administered cognitive-behavioral therapy for clients with depressive symptoms in an employee assistance program: S pilot study. Annals of Clinical Psychiatry. 2011; 23(1): 11-6.
(23) Brkic G. Psychological flexibility as a mechanism of change in the

meeting/proceedings/71/poster/pdf/2ev126.pdf [accessed 2018-01-23] [WebCite Cache ID 6wgadJHtJ]
(4) O'driscoll MP, Schubert T. Organizational climate and burnout in a New Zealand social service agency. Work Stress. 1988; 2(3): 199-204.
(5) Shinn M, Rosario M, Mørch H, Chestnut DE. Coping with job stress and burnout in the human services. J Pers Soc Psychol. 1984; 46(4): 864-76.
(6) Davis EW, Barrett MC. Supervision for management of worker stress. Adm Soc Work. 2008; 5(1): 55-64.
(7) Kitazoe N, Inoue S. Japanese Society for Social Psychiatry. 2009. Survey of mental health of less experienced teachers - Relationship between workplace environmental stress and coping behaviors URL: http://www.jssp.info/bn/bn18-2.html [WebCite Cache ID 6wgapURHM]
(8) van der Klink JJ, Blonk RW, Schene AH, van Dijk FJ. The benefits of interventions for work-related stress. Am J Public Health. 2001; 91(2): 270-6.
(9) Fresco DM, Rytwinski NK, Craighead LW. Explanatory flexibility and negative life events interact to predict depression symptoms. J Soc Clin Psychol. 2007; 26(5): 595-608.
(10) Moore MT, Fresco DM. The relationship of explanatory flexibility to explanatory style. Behav Ther. 2007; 38(4): 325-32.
(11) Dennis JP, Vander Wal JS. The cognitive flexibility inventory: instrument development and estimates of reliability and validity. Cogn Ther Res. 2009; 34(3): 241-53.
(12) Mori M, Tajima M, Kimura R, Sasaki N, Somemura H, Ito Y, et al. A web-based training program using cognitive behavioral therapy to alleviate psychological distress among employees: randomized controlled pilot trial. JMIR Res Protoc. 2014; 3(4): e70.
(13) Kimura R, Mori M, Tajima M, Somemura H, Sasaki N, Yamamoto M, et al. Effect of a brief training program based on cognitive behavioral

引用・参考文献

第1章

（1）文部科学省「公立学校教職員の人事行政の状況調査について」: https://www.mext.go.jp/a_menu/shotou/jinji/1318889.htm（2021年1月20日にアクセス）
（2）文部科学省「教職員のメンタルヘルス対策検討会議（最終まとめ）参考資料」: http://www.mext.go.jp/b_menu/shingi/chousa/shotou/088/houkoku/1332639.htm （2021年1月20日にアクセス）
（3）文部科学省「教員勤務実態調査（平成28年度）の分析結果及び確定値の公表について（概要）」: https://www.mext.go.jp/component/a_menu/education/detail/__icsFiles/afieldfile/2018/09/27/1409224_004_3.pdf（2021年1月20日にアクセス）
（4）国立教育政策所編「教員環境の国際比較－OECD国際教員指導環境調査（TALIS）2013年調査結果報告書」明石書店，2014年
（5）Teaching and Learning International Survey TALIS 2018 Insights and Interpretations. http://www.oecd.org/education/talis/TALIS2018_insights_and_interpretations.pdf（2021年1月20日にアクセス）

第7章

（1）中野明徳ら. 中学校教師のストレスに関する日米比較. 福島大学総合教育研究センター紀要. 2008; 4: 41-48.

第8章

（1）Maslach C, Jackson S. Patterns of burnout among a national sample of public contact workers. J Health Human Resour Adm. 1984; 7: 189-212.
（2）Fimian MJ, Blanton LP. Stress, burnout, and role problems among teacher trainees and first-year teachers. J Organiz Behav. 1987; 8(2): 157-65.
（3）Munakata T, Siina J. Psych.or.jp. 1987. Psychosocial background of burnout in schoolteachers [in Japanese] URL: https://psych.or.jp/

〈著者紹介〉

大石　智（おおいし　さとる）

北里大学医学部講師、相模原市認知症疾患医療センター長。医師、博士（医学）。

1999年に北里大学医学部卒業後、北里大学東病院精神神経科にて研修。駒木野病院精神科、北里大学医学部精神科学助教を経て、2019年より現職。

日本精神神経学会専門医・指導医、日本老年精神医学会専門医・指導医、日本認知症学会専門医・指導医。

2011年から2013年、文部科学省教職員のメンタルヘルス対策検討会議委員を務める。

教員《きょういん》のメンタルヘルス
――先生《せんせい》のこころが壊《こわ》れないためのヒント

NDC374 ／ xi, 219p ／ 19cm

初版第１刷――2021年5月1日

著者――――大石《おおいし》　智《さとる》
発行者――――鈴木一行
発行所――――株式会社 大修館書店
〒113-8541 東京都文京区湯島2-1-1
電話 03-3868-2651（販売部） 03-3868-2297（編集部）
振替 00190-7-40504
［出版情報］https://www.taishukan.co.jp

装丁者――――小口翔平＋畑中茜（tobufune）
組版所――――明昌堂
印刷所――――三松堂
製本所――――ブロケード

ISBN978-4-469-26913-0　Printed in Japan